中小製造業の
競争力向上戦略

IT化・国際化・新事業展開による競争力向上

江口政宏

一般財団法人 商工総合研究所
SHOKO RESEARCH INSTITUTE

はじめに

輸送用機械・生産用機械・電気機械などに代表される機械製造業は、アジア諸国の経済的キャッチアップが進んだ現在においても、日本がなお競争力を有するとされる分野です。これを支えているのが部品や素材などを生産する中小製造業であり、国内のみならず海外企業とも競争を繰り広げながら事業を展開し、良質かつ膨大なサポーティングインダストリーを形成しています。

このように日本経済を支える重要な存在である中小製造業が、自らの競争力をさらに向上させるためにはどうすれば良いのか。本書はこうした問題意識から、商工総合研究所と商工中金が中小機械・金属工業に対して行ったアンケート調査の分析を中心に、事例も交えながらまとめたものです。

本書の構成は次のとおりです。まず序章では中小機械・金属工業の長期的な構造変化を概観しています。次に、中小製造業の競争力向上に向けた経営戦略として、IT化（第1章）、国際化（第2章）、新事業展開（第3章）を取り上げます。特にIT化は近年の構造変化のなかで最も重要な要素です。第2章では、関心の高まっているIoTについて実務的な観点から言及しているほか、デジタル化により可能となる中小製造業による納入先への新たな技術貢献について詳述しました。さらに、補章では中小機械・金属工業の競争力の源泉に関する計量分析、自社製品を製造する企業の競争力向上についても触れています。

新型コロナウイルス感染症の拡大などもあり中小製造業を取り巻く環境は厳しさを増していま す。本書を通じて中小製造業の皆様が競争力向上に取り組むにあたってのヒントを掴んでいただければ幸いです。

本書の執筆にあたっては、アンケートやインタビューに応じていただいた皆様をはじめ、多くの方々にご協力をいただきました。心よりお礼申し上げます。

2021年1月

一般財団法人　商工総合研究所

理事長　江崎　格

目次

目次

序章

中小機械・金属工業の構造変化

中小機械・金属工業は日本の基幹産業への部品供給において重要な役割を果たしており、高度に発達したサプライチェーンを構成する分業構造に組み込まれている。この分業構造を把握するため商工中金は定期的に中小機械・金属工業を対象にアンケート調査を行っている（「中小機械・金属工業の構造変化に関する実態調査」、２０００年調査以降は商工総合研究所と共同で実施）。２０１８年の調査で9回目となった。

本章では調査結果の蓄積を踏まえ、中小機械・金属工業における生産スタンス、納入先との関係、経営行動、経営戦略などにおいて長期時系列的にみてどのような構造変化が生じたかをデータに即して概観する（ただし国際化は第2章、新事業展開は第3章で触れる）。なお以下文中では、（「中小機械・金属工業の構造変化に関する実態調査」を単に「アンケート調査」と表記する。

❶ 中小機械・金属工業の現状

(1) 業態及び生産品の種類

アンケート調査では、中小機械・金属工業の業態を3つのパターンに分類している（**図表序ー1**）。「自社製品型」の企業は自社企画の製品のみを扱っている。高度に専門化した製品やニッチ市場に対応する製品が中心となる。家電や自動車などの個人向けに安定的に量産される製品ではなく、不定期に売上が発生する設備投資関連など、単発の需要に対応する製品が中心であり[1]、売上の変動は大きいと考えられる。

「系列受注型」の企業は、特定の主力納入先から継続的に同一内容の発注を受けることが多く、売上高は比較的安定していると考えられる。ただしそのぶん主力納入先の需要動向が売上高に与える影響は大きい。また、為替レートの変動や内外の生産コストの差を背景とする納入先の海外調達方針の変更も変動要因となる。

「独立受注型」の企業は「系列受注型」に比べ複数の納入先から

図表序ー1　業態と受注形態の対応関係

パターン	生産品の企画	下請系列的な生産
Ⅰ自社製品型	自社企画製品のみ	
Ⅱ独立受注型	自社企画製品と他社企画製品または他社企画製品のみ	行っていない
Ⅲ系列受注型	自社企画製品と他社企画製品または他社企画製品のみ	行っている

⇒

		主力納入先との取引
1自社製品型		

		主力納入先への売上比率
2受注型企業	下請専門型	75%以上
	下請主力型	50～75%未満
	分散型	25～50%未満
	自立志向型	25%未満の企業または下請系列的な生産は行っていない企業

（資料）商工中金・商工総合研究所「中小機械・金属の構造変化に関する実態調査」（第5回～第9回、1995、2001、2007、2013、2019年）

断続的に受注する。そのぶん特定納入先の個別事情に左右されず、利幅の薄い取引を回避できるというメリットがある。売上高経常利益率の平均値は「系列受注型」よりも高い（章末付注1参照）。一方で、納入先との関係性は乏しく、景気後退期の受注確保は「系列受注型」より困難であり[2]、操業の安定性という点では「系列受注型」よりリスクが高い。

アンケート調査で業態の構成比の推移をみると（図表序－2）、2000年では「独立受注型」が31・4%、「系列受注型」は49・1%であった。2006年には「独立受注型」が30%を割り込む一方、「系列受注型」が50%を上回り、以後その傾向が定着している。「自社製品型」は一貫して20%に満たず、中小機械・金属工業では受注生産が中心であることが見て取れる。2006年以降は、系列先のような特定の納入先に対する部品を製造する形が増え、納入先を特定せずに受注生産を行う余地は狭まっている。ただ、後述のように中小企業と主力納入先との関係は希薄化して

図表序－2　業態の推移

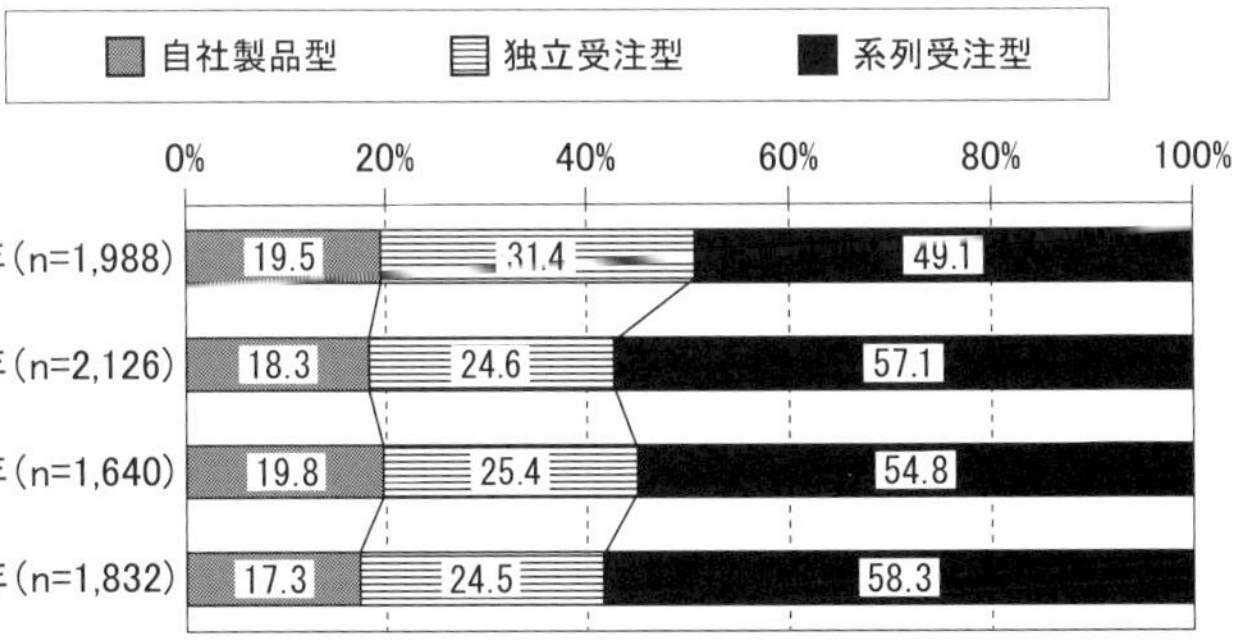

おり、緩やかに繋がった系列先からの受注生産を行う企業が増えていると考えられる。

製品の種類（工程）の構成比の推移をみると（**図表序－3**）、「完成品」の割合が２０１２年以降低下している。ただし、「部品ユニット・モジュール（細かい部品が組み合わされて、ある機能を実現するひとまとまりの部品となったもの）[3]」の割合も低下しており、「単一部品」「一部加工」にも特段の増加傾向は認められない。

この調査項目は複数回答を許容しており、１企業当たりの製品の種類は２０１２、２０１８年がそれぞれ1・51、1・52で、２０００年の1・58、２００６年の1・69と比べ減少している。従って、企業が単一部品と完成品、単一部品とモジュール等、複数手掛けていた製品の種類を絞り込んでいる可能性がある。完成品を製造する企業の割合は減っているものの、それに代わって部品ユニット・モジュールや単一部品を生産す

図表序－3　製品の種類（工程による区分、複数回答）

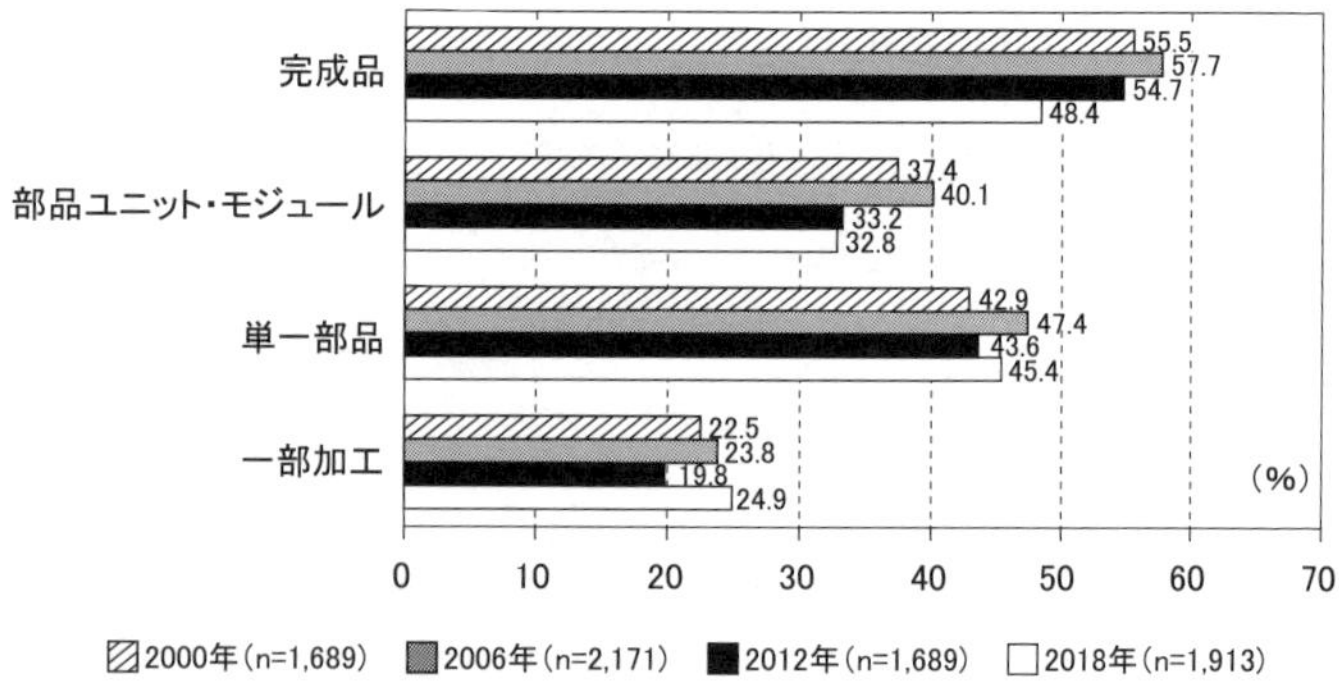

（資料）いずれも図表序－１に同じ

るようにはなっていない。

(2) 生産技術機能の保有状況

アンケート調査では生産技術機能を、①製品の企画・開発機能、②設計・デザイン機能、③試作・試験機能、④生産システム・工程等の改善機能、⑤使用生産機械の内製機能、⑥新技術・加工法の開発機能、⑦多品種生産に応じた柔軟な生産システム機能（ＦＭＣ、ＦＭＳ[4]など）に分類し、それを有しているかを調査している。このうち④生産システム・工程等の改善機能と⑦多品種生産に応じた柔軟な生産システム機能は後掲**図表序－6**で示すように「系列受注型」の企業における保有率が高く、関係特殊的な機能（特定の取引関係においてのみ有効な機能）と考えられよう。また、それ以外の機能は「自社製品型」の企業で保有割合が高い。なお、②設計・デザイン機能は３次元ＣＡＤのようなデジタル設計機器が普及していること、⑦多品種生産に応じた柔軟な生産システム機能は個別の機械をつなぎ合わせて機能を一体化させるＦＭＣ、ＦＭＳを含んでいることから、その普及は生産活動のデジタル化と密接に関連している。

生産技術機能の保有割合の推移をみると（**図表序－4**）、「製品の企画・開発機能」「試作・試験機能」「使用生産機械の内製機能」は４回連続で保有割合が低下した。「設計・デザイン機能」は１９９４年の水準を下回っている。「生産システム・工程等の改善機能」「多品種生産に応じた柔軟な生産システム機能」は２０１８年が過去５回で最低値となった。「新技術・加工法の開発機能」も2018年が2006年、2012年の水準を下回るなど、保有割合が上昇傾向にある機能は見当たらない。ただし、「設計・デザイン機能」の割合は直近2回連続で上昇しており、中小企業に設計面の重要性を見直す機運が生じていると考えられる。

「製品の企画・開発機能」「試作・試験機能」「新技術・加工法の開発機能」の保有割合の低下は納入先に中小企業の製造技術が重視されなくなっ

図表序－4　保有する生産技術機能の推移（複数回答）

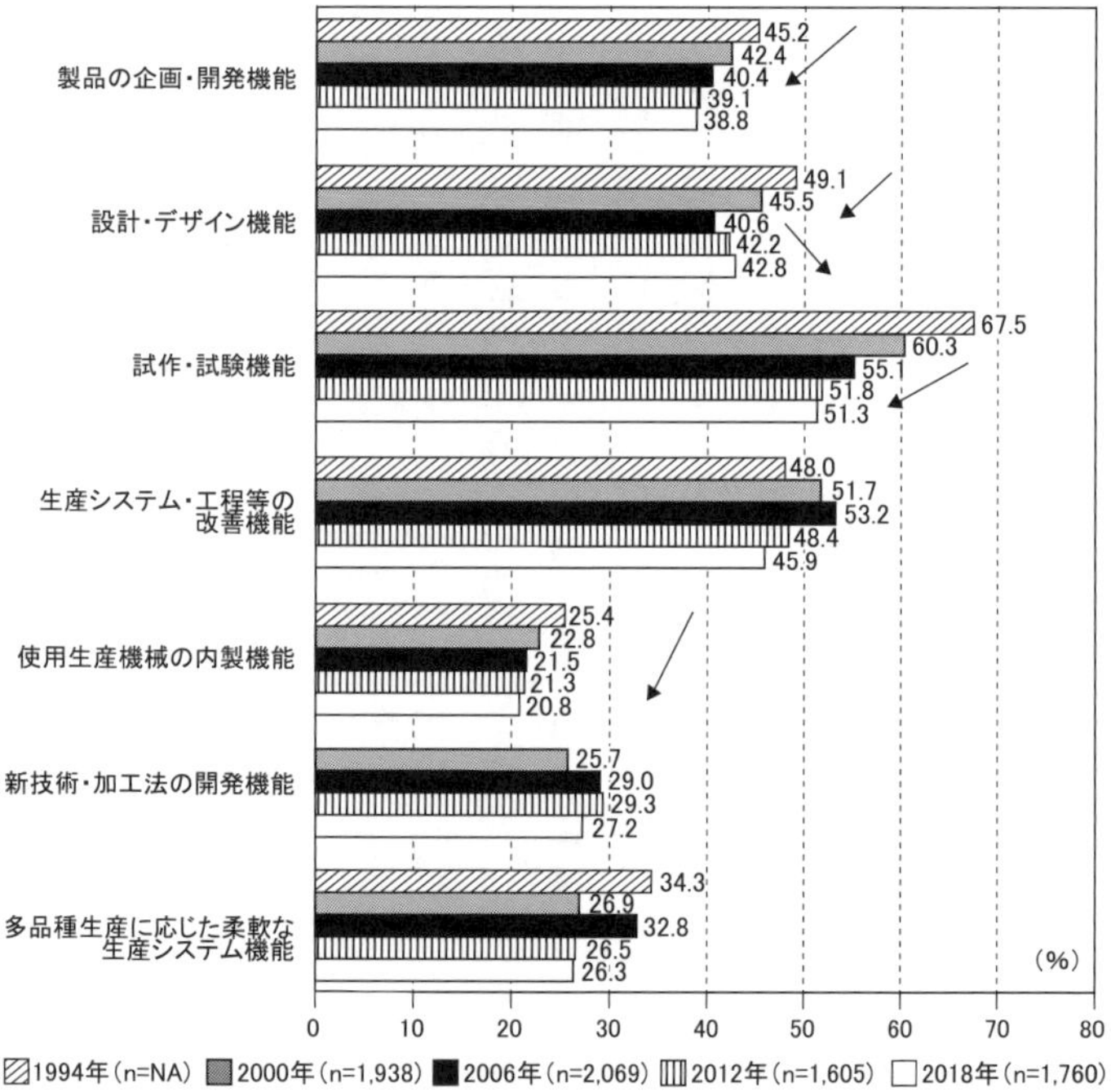

（資料）図表序－1に同じ　（注)「新技術・加工法の開発機能」は2000年調査から

ていることを表しているとみられる。しかし一方で、「設計・デザイン機能」の割合が上昇していることは機械製品のデジタル化、設計のデジタル化という構造変化に関連して中小企業の設計面での貢献の可能性の広がったことを示している可能性がある。このことは第1章で改めて触れる。

２０００年調査以降の１企業当たり平均保有機能数をみると、２０００年2・75→２００６年2・73→２０１２年2・59→２０１８年2・53となっており、中小企業の保有機能は減少している。このことは中小機械・金属工業が自らの果たしうる機能を絞り込んで得意分野に特化しようとしていることを意味しよう。

業種別に保有する生産技術機能をみると（**図表序－5**）、全体より保有割合が高い機能は、はん用・生産用機械と電子部品・電気機械では、「製品の企画・開発機能」「設計・デザイン機能」である。自動車部品では「試作・試験機能」「生産システム・工程等の改

図表序－5　業種別生産技術機能（2018年調査、複数回答）

（構成比：%）

	製品の企画・開発機能	設計・デザイン機能	試作・試験機能	生産システム・工程等の改善機能	使用生産機械の内製機能	新技術・加工法の開発機能	多品種生産に応じた柔軟な生産システム機能（FMC、FMSなど）	合計	回答企業数
合計	38.8	42.8	51.3	45.9	20.8	27.2	26.3	100.0	1,760
鉄鋼・非鉄・金属製品	30.4	32.8	46.9	43.1	19.8	25.3	28.7	100.0	693
はん用・生産用機械	51.6	57.7	51.4	49.6	22.9	28.0	23.4	100.0	397
電子部品・電気機械	45.1	53.8	56.1	41.1	18.6	24.9	26.1	100.0	253
自動車部品	21.1	26.6	59.8	60.8	26.1	30.2	21.6	100.0	199
その他輸送用機械部品	47.6	44.4	50.8	47.6	17.5	30.2	31.7	100.0	63
その他	52.3	51.6	52.3	36.1	18.1	32.9	27.1	100.0	155

（注）シャドーは合計より５ポイント以上割合が高い項目（その他を除く）

善機能」「使用生産機械の内製機能」、その他輸送用機械部品では「製品の企画・開発機能」「多品種生産に応じた柔軟な生産システム機能」の割合が高くなっている。

業態別では（**図表序－6**）、系列受注型企業で「生産システム・工程等の改善機能」と「多品種生産に応じた柔軟な生産システム機能の保有割合が高く、自社製品型では「製品の企画・開発機能」「設計・デザイン機能」「試作・試験機能」「新技術・加工法の開発機能」の割合が高い。自社製品型企業でこれらの機能の保有割合が高いのは受注型企業ほど分業による役割分担が明確に決まっていないぶん、多く機能を保有する必要があるためと考えられる。なお、「試作・試験機能」は自動車部品で保有割合が最も高いことからわかるように、受注型の企業でも擦り合わせ型製品を生産する場合は必要性が高い。また、「製品の企画・開発機能」「設計・デザイン機能」が独立受注型より系列受注型で低いのは主力納入先が開発・設計した製品を指示通りに生産することが多いためとみられる（後掲**図表序－11**参照）。

図表序－6　業態別生産技術機能（2018 年調査、複数回答）

（構成比：%）

	製品の企画・開発機能	設計・デザイン機能	試作・試験機能	生産システム・工程等の改善機能	使用生産機械の内製機能	新技術・加工法の開発機能	多品種生産に応じた柔軟な生産システム機能（FMC、FMS など）	合計	回答企業数
自社製品型	75.7	69.5	60.3	41.6	21.3	35.4	19.0	100.0	305
独立受注型	39.8	47.0	47.2	41.0	19.3	27.2	21.9	100.0	415
系列受注型	27.2	32.7	51.0	50.1	21.9	24.3	30.6	100.0	987

（資料）いずれも図表序－１に同じ

（3）経営上の問題点と解決する手段

2018年調査における企業内部の問題点としては（図表序－7）、「人手不足」を64・3％の企業が挙げている。以下、「社員の高齢化」（41・2％）、「設備の老朽化・陳腐化」（34・1％）が続くなど、「ヒト」と「モノ」に関する経営資源の不足や老朽化を問題とする割合が高くなっている。「生産性の低さ」（18・8％）は20％に満たず、問題点としての優先度は「ヒト」や「モノ」に関する項目より低い。「事業承継」は14・1％の企業が挙げている。

図表序－7　経営上の問題点で重要と思われるもの（2018年調査、3つまで複数回答）

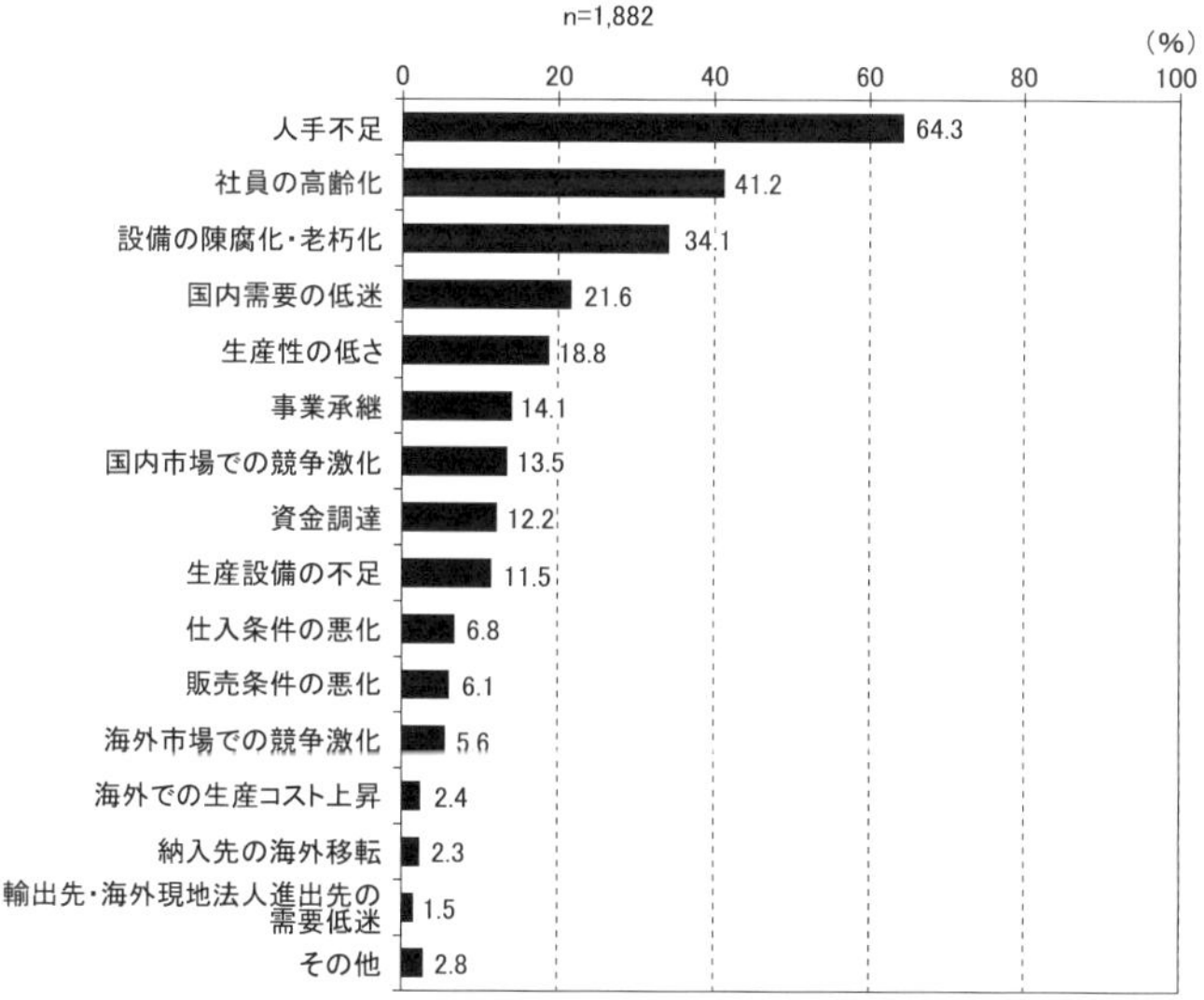

（資料）図表序－１に同じ

企業外部の経済・経営環境に関する事項については「国内需要の低迷」（21・6％）、「国内市場での競争激化」（13・5％）、「仕入条件の悪化」（6・8％）、「販売条件の悪化」（6・1％）などとなっており、企業内部の問題点に比べ問題視される度合いは小さい。

業種別にみると、「人手不足」はすべての業種で60％以上となっており、業種横断的に重視される問題点である。全体との比較では、鉄鋼・非鉄・金属製品で「設備の陳腐化・老朽化」（41・9％）の割合が相対的に高い。電子部品・電気機械では「社員の高齢化」（51・0％）が、その他輸送用機械部品では「生産性の低さ」（24・2％）、「国内市場での競争激化」（22・6％）が高くなっている。

業態別に経営上の問題点をみると（**図表序－8**）、自社製品型、独立受注型、系列受注型のいずれの業態でも「人手不足」を6割以上の企業が、「社員の高齢化」を4割以上の企業が挙げている。一方、設備に関しては「設備の陳腐化・老朽化」「生産設備の不足」は自社製品型（各26・7％、5・3％）、独立受注型（同

図表序－8　業態別経営上の問題点（2018年調査、抜粋、3つまで複数回答）

（%）

	人手不足	社員の高齢化	生産性の低さ	設備の陳腐化・老朽化	生産設備の不足	資金調達	国内需要の低迷	国内市場での競争激化	事業承継	回答企業数
自社製品型	60.7	40.6	19.1	26.7	5.3	13.9	22.8	18.8	13.2	303
独立受注型	65.0	42.8	18.0	32.2	10.5	12.4	22.9	15.2	11.7	428
系列受注型	65.1	40.9	19.8	36.6	14.3	12.0	20.5	12.2	14.8	1,043

（資料）図表序－1に同じ　（注）合計の回答割合が10%以上の項目を抜粋

32・2％、10・5％）、系列受注型（同36・6％、14・3％）と受注の系列依存度が強まるにつれ問題とする割合が高くなる。これは系列受注型の企業での設備投資は関係特殊的な性格が強いためと考えられる。しかし、前述の通り、主力納入先との関係が希薄化していることに加え、第1章で述べる製品と生産のデジタル化も関係特殊的な投資の必要性を弱めると考えられる。そうした動きのなかで今後は系列受注型の企業において更新投資の必要性が薄れ、設備の陳腐化・老朽化や不足に対する認識も変化する可能性がある。

なお、「国内市場での競争激化」は自社製品型（18・8％）で最も高くなっている。図表では割愛したが、アンケート調査では自社製品型企業は海外市場でも最も競争が厳しいことが明らかになっている。[5] 自社製品における競争環境の厳しさが中小機械・金属工業において部品の受注生産志向の高まりに繋がっている可能性がある。

経営上の問題点を解決する手段をみると（図表序－9）、「ヒト」に関連する項目では、「人材育成・能力開発」が72・7％と最も割合が高い。以下、「日本人中心の人員増加」（34・6％）、「外国人労働者の採用」（29・7％）が続いている。一方、「雇用慣行・制度の見直し」は18・9％にとどまる。解決手段としては能力開発が中心である。人員増加、制度的見直しは副次的手段で、特に制度的見直しの利用は一部にとどまっている。

経営に関連する項目では、「技術力の向上」（64・2％）、「販売力・営業力の向上」（42・0％）、「設備投資の実施」（39・4％）が重要視され、「財務内容の改善」（25・9％）が続いている。事業の見直しについては「新事業分野への進出」が17・6％、「事業の縮小・統合」が2・2％、国際化に関しては「海外への進出」が5・9％、「海外現地法人の移転・撤退」が1・2％であった。

　生産性に関連する項目では、「業務プロセスの改善」が30・8％、「組織構成・運営方法の改善」が23・1

図表序－９　経営上の問題点を解決する手段として重要と思われるもの（2018 年調査、複数回答）

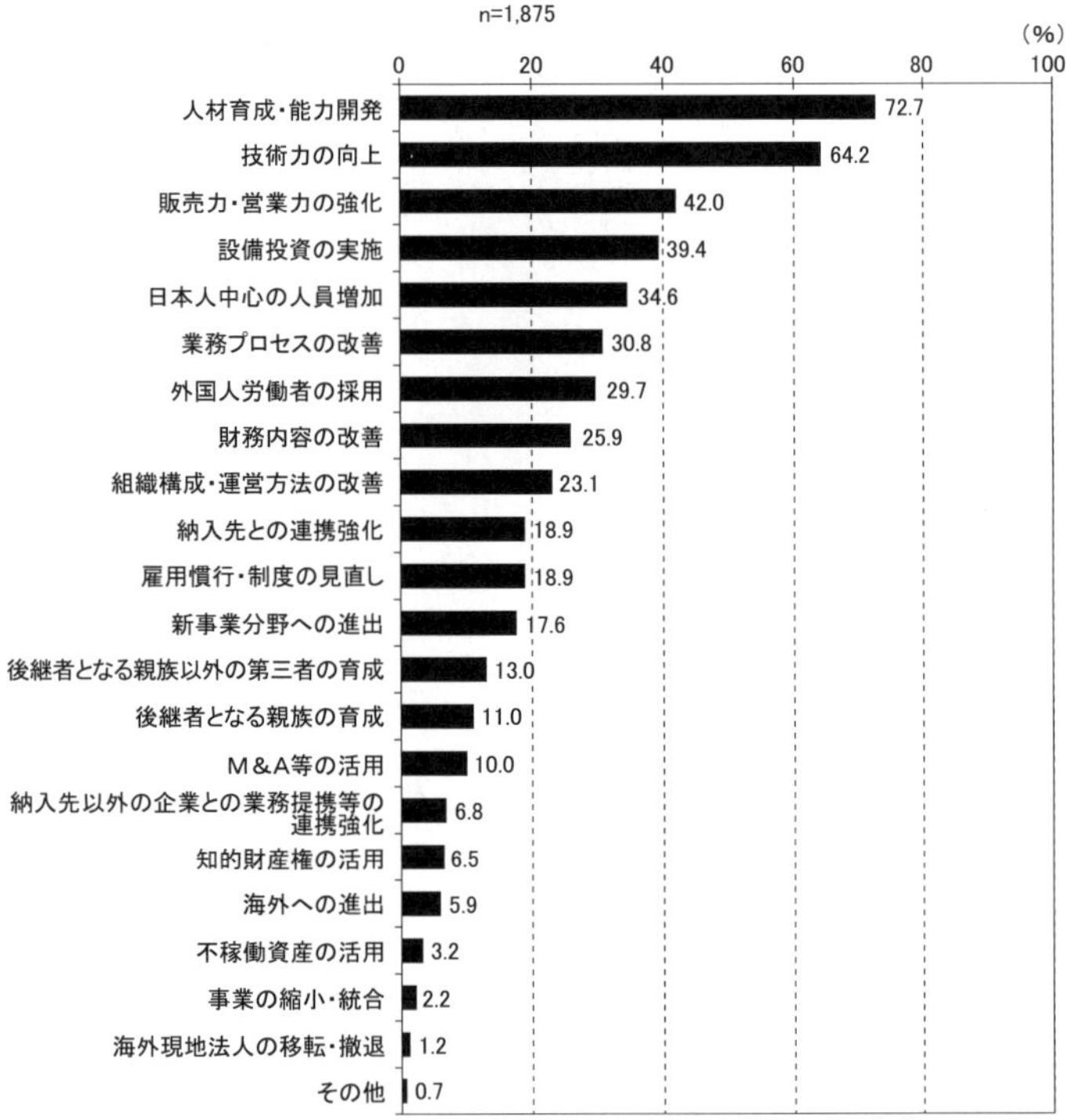

（資料）図表序－１に同じ

%となっている。「知的財産権の活用」は6・5%、「不稼働資産の活用」は3・2%にとどまり、活用が進んでいない。

業種別に全体との比較でみると、鉄鋼・非鉄・金属製品では「設備投資の実施」の割合が46・6%と相対的に高く、設備の陳腐化・老朽化が経営上の問題点となっていることと整合している。電子部品・電気機械では「販売力・営業力の強化」(47・3%)、その他輸送用機械部品では「日本人中心の人員増加」(40・3%)、「組織構成・運営方法の改善」(30・6%)、「技術力の向上」(69・4%)の割合が高い。

経営上の問題点のうち上位6項目(「人手不足」「社員の高齢化」「設備の陳腐化・老朽化」「国内需要の低迷」「生産性の低さ」「事業承継」)を選択している企業が具体的にどのような解決手段を重要と考えているかについて全体との比較でみると、「人手不足」「社員の高齢化」では、「人材育成・能力開発」(各74・7%、75・3%)の割合が最も高い。「設備の陳腐化・老朽化」では「設備投資の実施」(60・7%)が多い。「国内需要の低迷」は「営業力・販売力の強化」(54・8%)を半分以上の企業が挙げているほか、「新事業分野への進出」(28・5%)も相対的に高い。「生産性の低さ」では「人材育成・能力開発」(80・2%)、「技術力の向上」(75・6%)の割合が高く、「業務プロセスの改善」(43・9%)、「組織構成・運営方法の改善」(34・0%)も相対的に多い。「事業承継」では後継者の育成について、「後継者となる親族以外の第三者の育成」(36・4%)が「後継者となる親族の育成」(29・5%)を上回った。このうち育成する後継者として「親族以外の第三者」と「親族」の両方を挙げる企業は7・2%であった。後継者育成以外の選択肢では、「M&A等の活用」を18・4%の企業が挙げている。

❷ 中小機械・金属工業の主力納入先との関係

(1) 設計への関与状況

アンケート調査では設計への関与状況(設計関与度)を、設計における発注者の関与が高い順に「発注企業が設計したものをそのまま使う」「発注企業が設計するが、当社も意見を述べる」「設計の一部は当社が担当する」「設計の大半を当社が担当する」「当社が独自に設計する」に分けている。浅沼萬里(1997)『日本の企業組織　革新的適応のメカニズム─長期取引関係の構造と機能』の分類では前2者が「貸与図方式」(発注企業が設計を行って受注企業に図面を貸与する方式)、後2者が「承認図方式」(発注企業が示した大まかな設計方針に基づき受注企業が実際の設計を行い、それを発注企業が承認する方式)という位置づけになる。「設計の一部は当社が担当する」は両者の中間にあたる。

主要製品の設計関与度の推移をみると(**図表序─10**)、「当社が独自に設計する」の割合が低下している。また、「設計の大半を当社が担当する」は2006年以降の水準が2000年以前より低くなっている。一方、「発注企業が設計したものを、そのまま使う」は2006年以降30%

台での推移となっており、２０００年以前より水準が高い。設計関与度は承認図方式に相当する「当社が独自に設計する」「設計の大半を当社が担当する」が減少し、貸与図方式の「発注企業が設計したものを、そのまま使う」が増加していることから、１９９４年以降の長期的な傾向としては設計における中小企業の主体的関与の度合いは小さくなっている。ただし、２００６年以降、「当社が独自に設計する」以外

図表序－10　主要製品の設計関与度（単数回答）

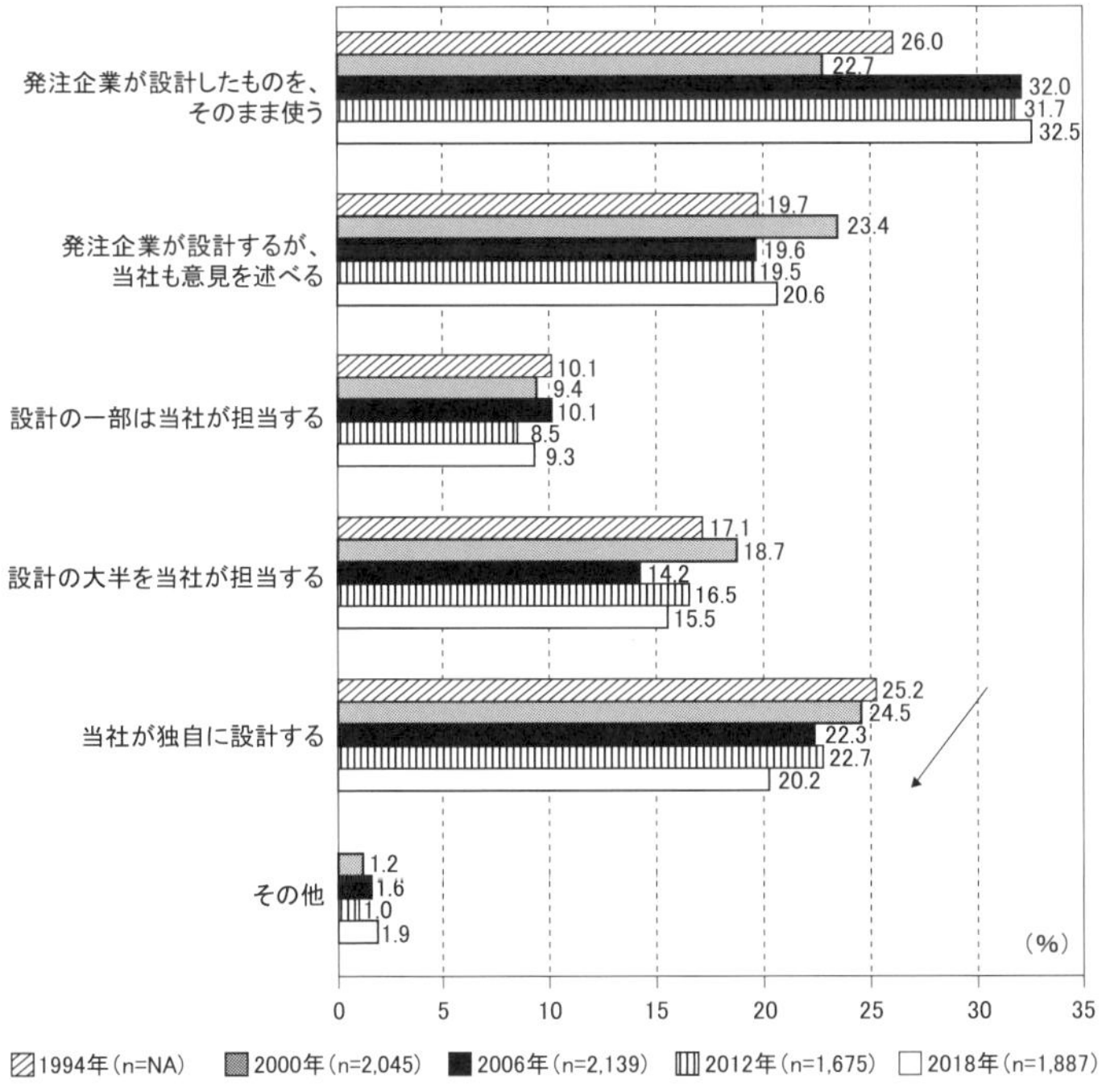

（資料）図表序－１に同じ

で中小企業の設計関与度合いの縮小傾向に歯止めがかかっており、中小企業による設計への貢献余地に見直しの機運がみられる。

業態別に主要製品の設計関与度をみると（**図表序－11**）、自社製品型では「当社が独自に設計する」が67・4％を占め、「設計の大半を当社が担当する」（22・2％）と合わせ90％近くが中小企業主導の設計となっている。系列受注型では「発注企業が設計したものをそのまま使う」が43・3％で企業主導の設計となっているが、「発注企業が設計するが、当社も意見を述

図表序－11　業態別主要製品の設計関与度（2018 年調査）

（構成比：％）

	発注企業が設計したものをそのまま使う	発注企業が設計するが、当社も意見を述べる	設計の一部は当社が担当する	設計の大半を当社が担当する	当社が独自に設計する	その他	合計	回答企業数
自社製品型	2.8	3.5	1.6	22.2	67.4	2.5	100.0	316
独立受注型	26.7	17.8	12.1	22.5	20.0	0.9	100.0	445
系列受注型	43.3	27.4	10.6	11.0	6.2	1.3	100.0	1,043

（資料）図表序－１に同じ

図表序－12　受注形態別主要製品の設計関与度（2018 年調査）

（構成比：％）

	発注企業が設計したものをそのまま使う	発注企業が設計するが、当社も意見を述べる	設計の一部は当社が担当する	設計の大半を当社が担当する	当社が独自に設計する	その他	合計	回答企業数
下請専門型	51.1	29.9	10.0	6.0	1.5	1.6	100.0	619
下請主力型	35.4	23.8	12.3	17.7	10.0	0.8	100.0	130
分散型	27.9	22.9	15.0	22.1	10.7	1.4	100.0	140
自立志向型	28.1	19.7	10.8	20.7	19.9	0.9	100.0	584

（資料）いずれも図表序－１に同じ

べる」も27・4％あり、中小企業による発注企業への貢献が相応にみられる。独立受注型は両者の中間で、発注企業の設計に委ねる企業から自社で独自に設計する企業まで幅広く分布している。

受注形態別に主要製品の設計関与度をみると（図表序－12）、下請専門型（主力納入先の売上比率75％以上）では「発注企業が設計したものをそのまま使う」が51・1％と半分以上を占める。下請主力型（同50～75％未満）と分散型（同50％未満）も発注企業主導色が強いが、いずれも「当社が独自に設計する」が約10％、「設計の大半を当社が担当する」が20％前後を占めており、中小企業も相応に設計に関与している様子が窺われる。

（2）人的・資本・技術面の関係

中小機械・金属工業における主力納入先との人的・資本・技術面の関係については、「代表取締役の受入」「その他役員、管理職の受入」（人的関係）、「資本の受入」「資金面での支援」（資本面の関係）、「技術面での指導」（技術面の関係）について調査している。

主力納入先の立場からみれば、これらの関係は基本的に発注先企業への経営や事業への関与であり、すべてコストがかかる。従って、コストに見合ったメリットが得られるかどうかが関与のポイントとなる。考えられるメリットとしては主力納入先からの素材や部品の調達の円滑化、具体的には高品質・低コストで安定調達することや、必要な量を短納期で調達できることであろう。

これを中小企業側からみれば、主力納入先のニーズに応えやすい環境を提供することでより多い受注を得るメリットが得られる一方、短い納期や採算に合わない価格設定を受け入れざるを得なくなるデメリットもある。また、景気動向の如何にかかわらず一定量の受注を獲得することが期待でき売上高の安定が見込める一方で、生産能力の逼迫時に主力納入先以外からの引き合いに対応できないこともありえる。

主力納入先との関係の推移をみると（**図表序－13**）、すべての項目において割合が低下傾向を示している。特に「その他役員・管理職の受入」「技術面での指導」の低下が目立つ。中小機械・金属工業の総売上額に占める下請系列的取引の割合には時系列的な変化は認められず[6]、中小企業

図表序－13　主力納入先との人的・資本関係の推移

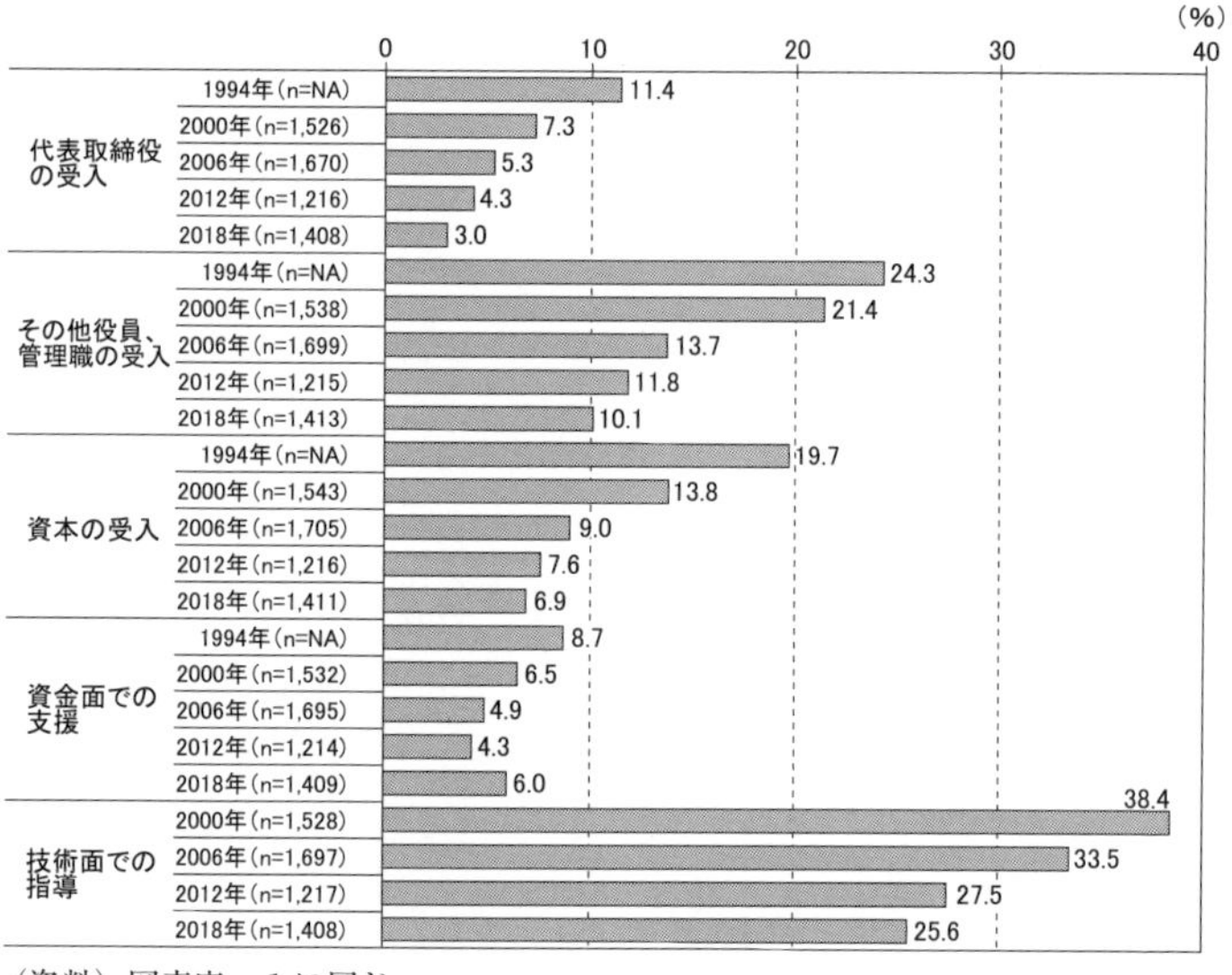

（資料）図表序－１に同じ

と主力納入先との下請系列的取引量の減少を示す材料は見出されないものの、主力納入先との関係は薄れている。

(3) 受注単価の決定

受注単価の決定方法は、納入先と中小企業とが1対1で決める場合と、納入先が「複数の指定先に見積もりを出させて納入先が決める」と「公募入札方式により決める」場合がある。アンケート調査では、1対1で決める場合に相当するのは、中小企業の主導権の強い順に「当社の見積もりにより決定」「双方の話合によるが、当社の状況もかなり考慮される」「双方の話合によるが、納入先の意向が強く反映される」「当社の見積もりを基にして納入先が決める」「納入先が一方的に決める」までの5項目である。なお、4番目の「当社の見積もりを基にして納入先が決める」は決定の主導権は納入先にあるようにみえるが、見積もりが実際の受注単価の決定にどの程度影響力を持つかに注意が必要である。

受注単価の決定方法の推移をみると(図表序-14)、「双方の話合によるが、納入先の意向が強く反映される」の割合が2000年の38・4%をピークに低下している。一方、「当社の見積もりを基にして納入先が決める」は2000年の18・8%を底に上昇している。また、「当社の見積もりにより決定」は2006年、2018年に10%を上回り、2000年以前より水準が高くなっている。「双方の話合によるが、当社の状況もかなり考慮される」「複数の指定先に見積もりを出させて納入先が決める」は上下動を繰り返している。「納入先が一方的に決める」「公募入札方式により決める」の割合は一貫して低い。

　こうした推移をみる限り、中小企業主導か納入先主導かという意味での傾向性は乏しい。納入先の主導性が強い「双方の話合によるが、納入先の意向が強く反映される」が減少しているものの、同様に納入先の意向を反映させ

図表序－14　受注単価決定方法（単数回答）

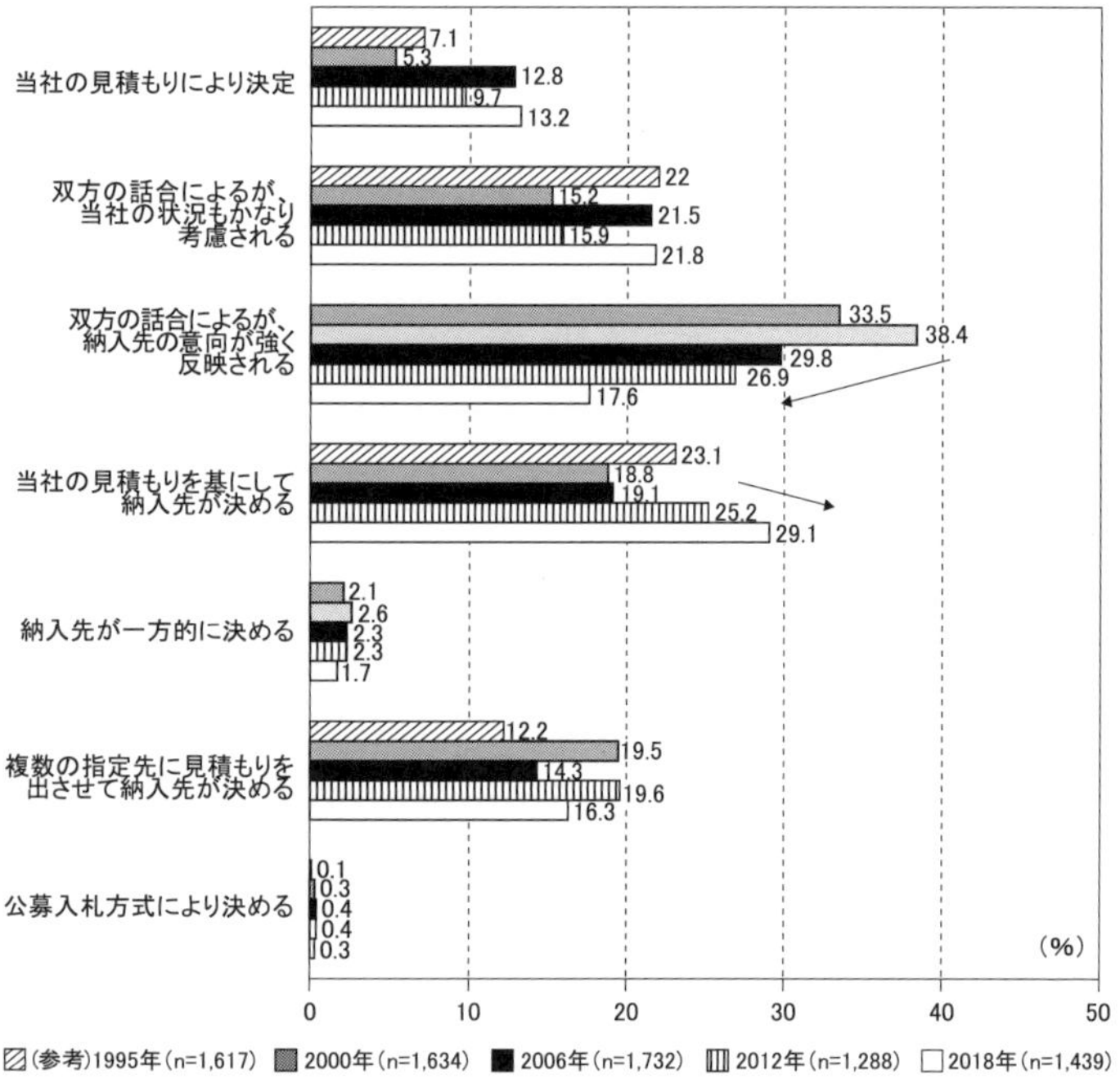

（資料）図表序－1に同じ
（注）1995年は2000年調査で「5年前の状態」を尋ねた結果

る余地が大きい「当社の見積もりを基にして納入先が決める」は増加している。また、中小企業主導の「当社の見積もりにより決定」が増えているものの、「双方の話合によるが、当社の状況もかなり考慮される」は一進一退で推移している。受注単価の決定方法は分業関係の構造要因よりも需要の繁閑による循環的な要因に影響を受けている可能性がある。

業種別に受注単価の決定方法をみると、自動車部品は「当社の見積もりを基にして納入先が決める」（35・5%）、「双方の話合によるが、納入先の意向が強く反映される」（23・5%）の割合が相対的に高い一方、「当社の見積もりにより決定」（6・0%）の割合が低く、受注単価決定に際し納入先主導色が強い。はん用・生産用機械は「複数の指定先に見積もりを出させて納入先が決める」（22・0%）の割合が相対的に高い。はん用・生産用機械に含まれる工作機械などにおいては発注者の個別ニーズを反映したオーダーメードの完成品が多く、事前

図表序－15　現在の受注単価の引き下げ要請の状況について

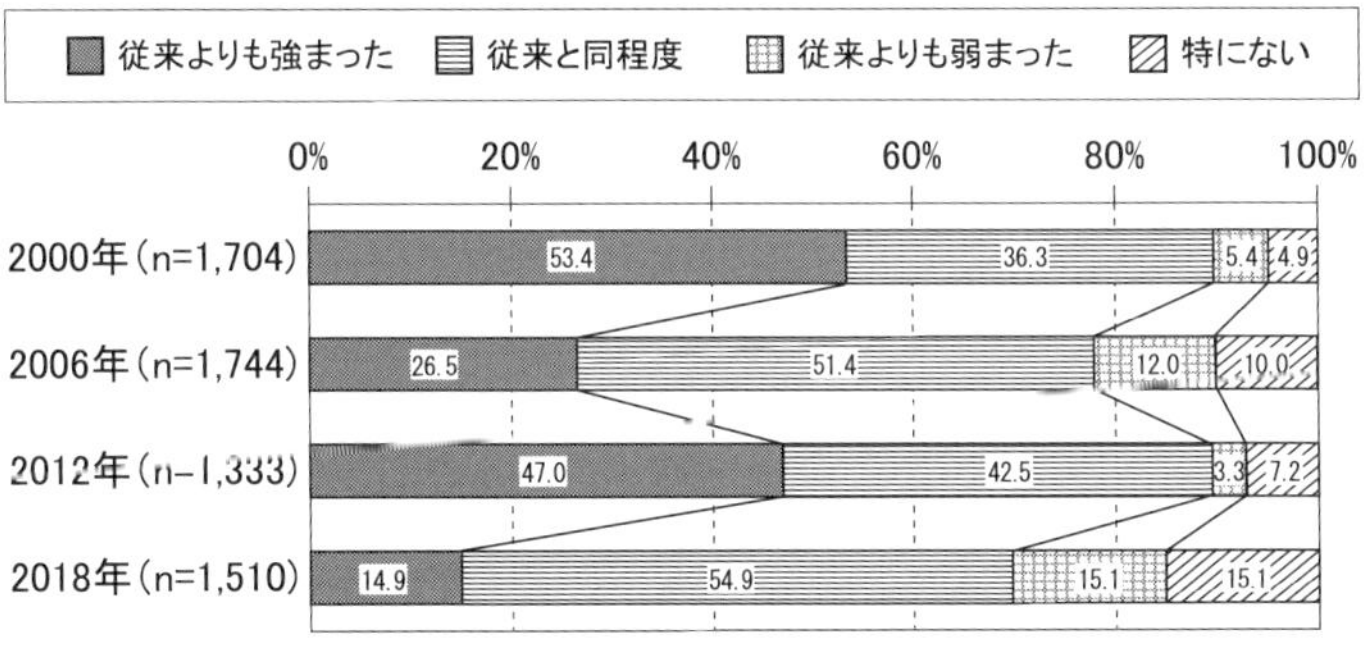

（資料）図表序－１に同じ

に企画・見積の提出を求めてコンペ形式で発注先を選択することがあるためと思われる

主力納入先からの受注単価の引き下げ要請の状況をみると（**図表序－15**）、2000年と2012年は引き下げ要請が「従来よりも強まった」の割合が最も高く、単価引き下げ圧力が強かった。2006年と2018年は「従来と同程度」が最も高くかつ「従来よりも弱まった」「特にない」がそれぞれ10％を上回るなど、引き下げ圧力が比較的軽微であった。特に2018年は過去の調査時点と比べ「従来よりも強まった」の割合が最も低く、「従来よりも弱まった」「特にない」の割合が最も高かった。

受注単価の引き下げ要請と製造業の出荷額との関係をみると、製造業の出荷額は2000年は減少トレンド、2012年は増加トレンドの初期にあたり、低い水準にあった。2006年と2018年は増加トレンドにあった。各年調査における受注単価引き下げの状況はこうした当時の経済環境を反映したものと考えられる。

（4）主力納入先の経営戦略の変化

主力納入先がどのような経営戦略を採るかは受注生産を主とする中小企業に大きな影響を与える。アンケート調査では主力納入先のグローバル化や事業再編成に関する戦略、製品・設計の方針、部品や原材料の外注・調達方針について質問を行った。

主力納入先の過去5年間での経営戦略の変化をみると（**図表序－16**）、グローバル化・事業再編等に関して、「海外生産の拡大」「海外からの部品調達の拡大」の割合が２０１２年まで増加した後、２０１８年は減少している。第２章で中小機械・金属工業の海外進出に歯止めがかかっていることを述べるが、背景として主力納入先のこうした動きが反映していると考えられる。

製品・設計等の方針では「製品の共通化、部品点数の削減」が30%前後、「部品ユニッ

図表序−16　主力納入先の経営戦略の変化（複数回答、比較可能な項目のみ）

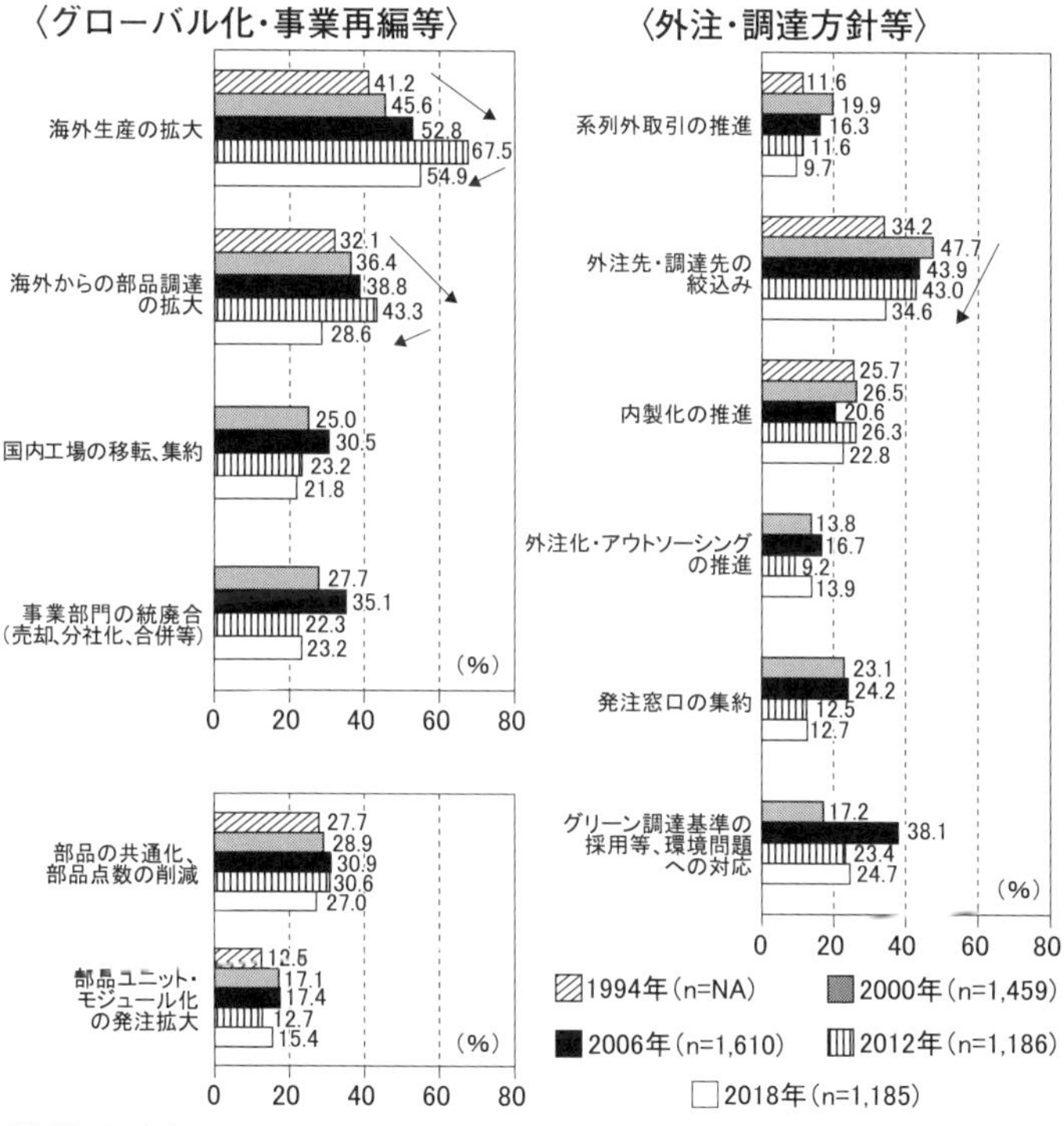

（資料）図表序−１に同じ

ト・モジュール化での発注拡大」が10%台と横ばいで推移している。製品のデジタル化が進むなかでも部品の共通化やモジュール化が大きく加速する気配はない。

主力納入先の外注・調達方針等をみると、「外注先・調達先の絞込み」は減少しており、幅広い企業との取引を志向しているものとみられる。ただ、「系列外取引の推進」の割合は低く、系列外取引より系列内取引の拡大を志向している模様である。

(5) 主力納入先の発注動向の変化

主力納入先の発注動向が過去5年間でどのように変化したかをみると（図表序－17）、最も割合が大きいのは「品

図表序－17　過去５年間の主力納入先の発注の変化（複数回答）

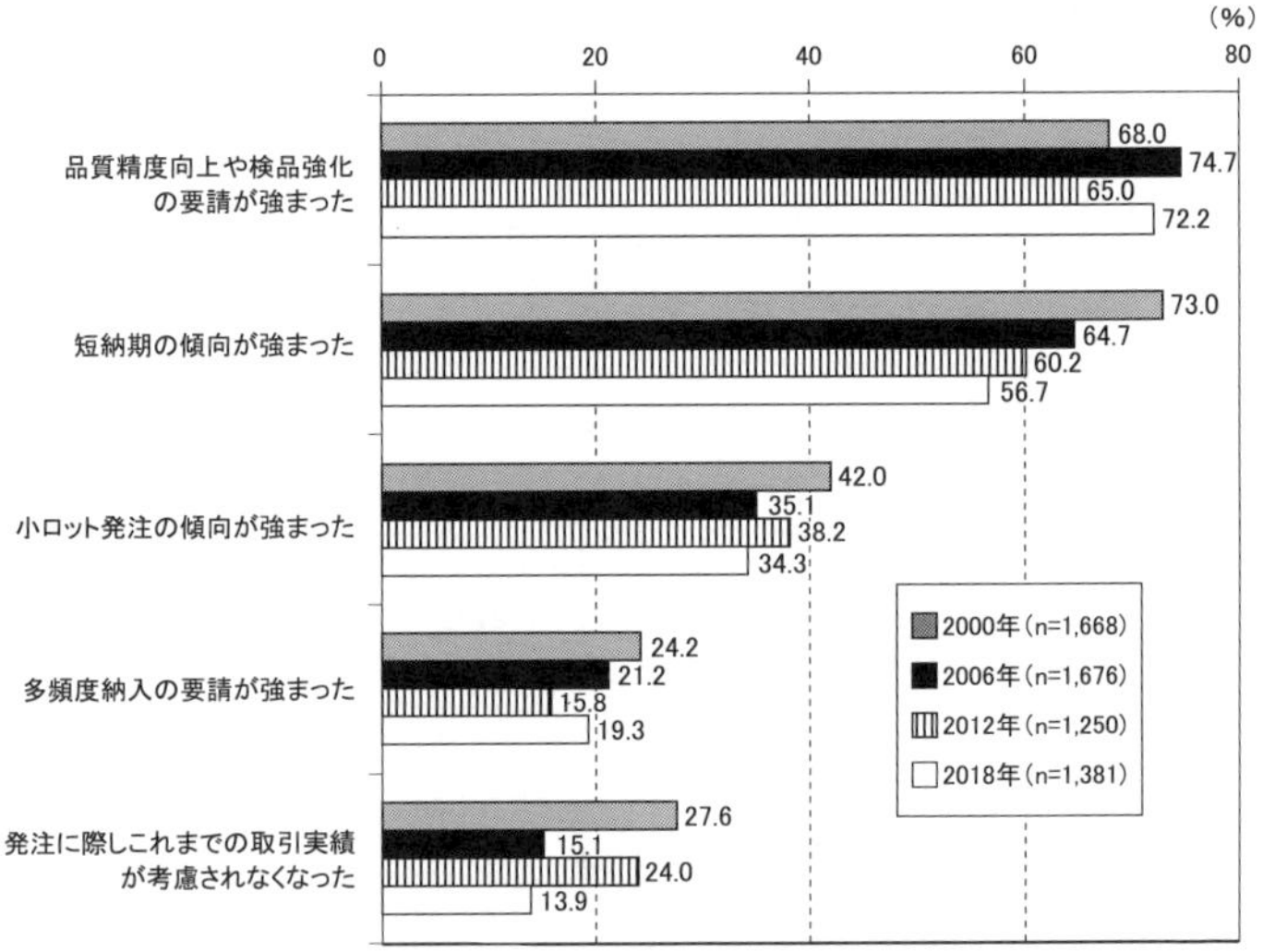

（資料）図表序－１に同じ

質精度向上や検品強化の要請が強まった」である。2000年調査以降70%前後で推移しており、品質重視の姿勢は一貫して強い。次に割合が高いのは「短納期の傾向が強まった」であるが、次第に減少しているのが目立つ。さらに「小ロット発注の傾向が強まった」が30~40%程度で続いている。このほか「多頻度納入の要請が強まった」「発注に際しこれまでの取引実績が考慮されなくなった」との回答が続くが割合は大きくない。

業種別に2018年時点の過去5年間の主力納入先の発注動向の変化をみると、全体との比較では、はん用・生産用機械で「短納期の傾向が強まった」が66・4%と相対的に高く、「小ロット発注の傾向が強まった」が24・9%と低い。自動車部品とその他輸送用機械部品では「品質精度向上や検品強化の要請が強まった」が各84・2%、80・4%と高く、「短納期の傾向が強まった」が39・9%、43・5%と低い。

❸ 中小機械・金属工業の競争力の源泉

本来、企業の競争力を分析するためには、その源泉を当該企業以外の第三者が客観的にどのように評価しているかが重要である。しかし、そのような評価は利用できる情報が限られるなかで現実には極めて困難である。アンケート調査では企業自身が評価する自社の特色（強み）と、主力納入先が自社をどのように評価しているかを尋ねている。後者はあくまで当該企業自身の考えであり主力納入先に直接質問したものではないが、当該企業が日常の取引関係のなかで得た感触を反映していると考えられる。また、国内同業者と自社の比較も調査しており、これも企業の競争力を探るうえで参考になろう（競争力の源泉を計量的に分析した結果は補章を参照）。

(1) 自社の特色（強み）

中小機械・金属工業が技術・生産面で特に重要と考えている自らの特色（強み）をみると（**図表序-18**）、「製品の安定供給、品質確保のための技術力・生産管理力」が最も多く、「試作から量産まで対応できる加工技術・生産管理能力」がこれに続いているが、次第に低下しているのが目立つ。さらに「独自の新製品開発力」「コストダウンのための技術力・生産管理力」が続くが、「コストダウンのための技術力・生産管理力」は大幅に低下しており、規格品の量産に関連する能力は自社の強みとして認識されにくくなっている様子が窺われる。一方、「独自の新製品開発力」は小幅の低下にとどまっているほか、「製品の設計・デザイン力」は回答割合が10％程度と高くないものの増加傾向にあるなど、設計・開発段階で自社の特色（強み）を認識する傾向が強まっている。

業種別に2018年調査における技術・製品面で自社の特色（強み）として特に重要と考えているものについて、全体との比較でみると、鉄鋼・非鉄・金属製品では「短納期生産のための技術力・生産管理力」（47・4％）が、はん用・生産用機械と電子部品・電気機械では「独自の新

図表序－18　特色（強み）として特に重要と考えているもの（３つまで複数回答）

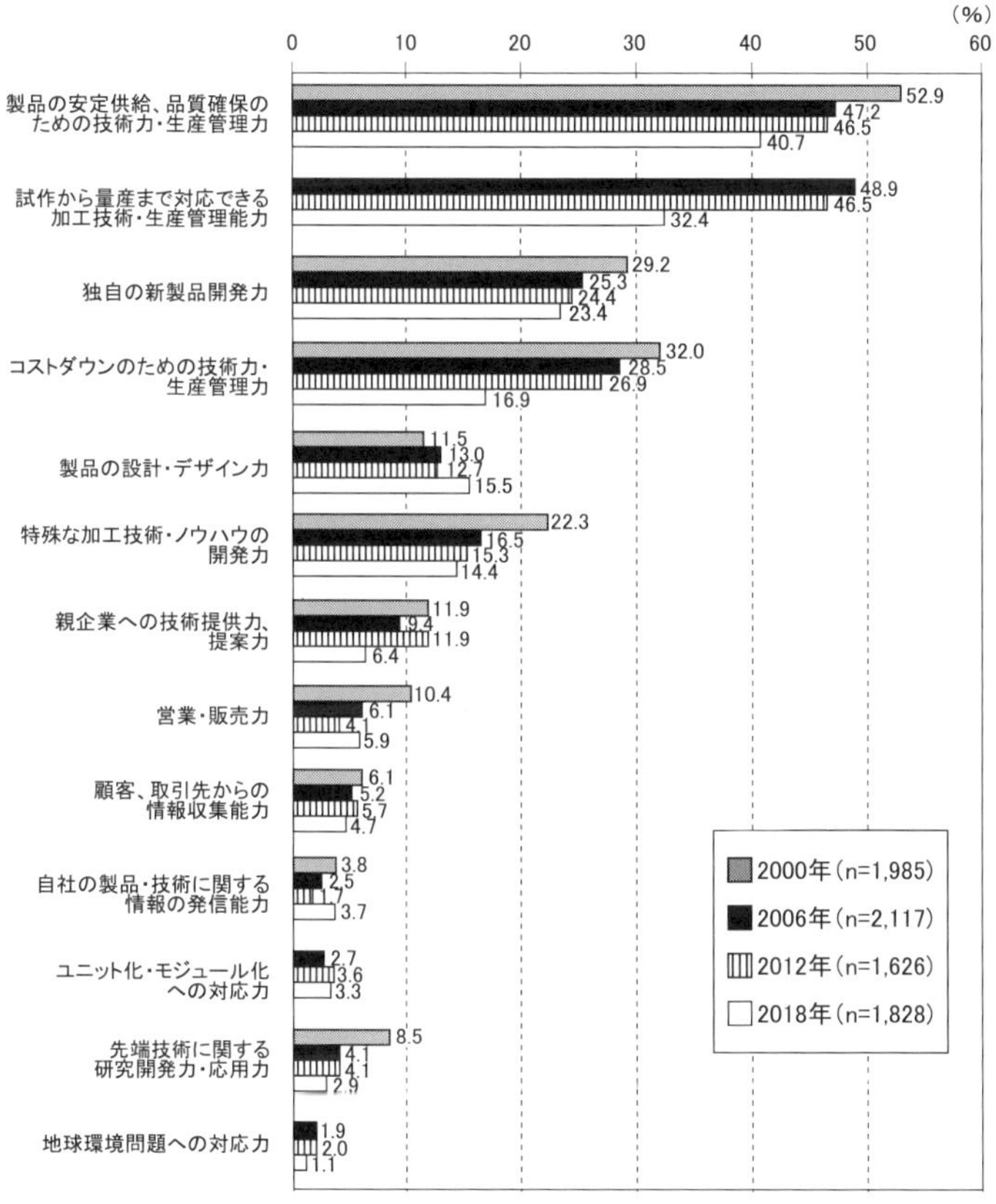

（資料）図表序－１に同じ
（注１）2006年調査以降連続して比較可能な項目を記載
（注２）項目変更により掲載を割愛した項目があることから、「その他」は省略した

製品開発力」（38・0％、29・7％）と「製品の設計・デザイン力」（27・5％、21・5％）の割合が相対的に高い。自動車部品では「試作から量産まで対応できる幅広い加工技術・生産管理能力」（52・2％）、「製品の安定供給、品質確保のための技術力・生産管理力」（51・7％）が50％を超え、「コストダウンのための技術力・生産管理力」（25・9％）も相対的に高い。その他輸送用機械部品では「多品種少量生産のための技術力・生産管理力」が67・2％にのぼり、「特殊な加工技術・ノウハウの開発力」（20・3％）も相対的に高い。

(2) 主力納入先の評価

主力納入先が中小企業に発注している主な理由についてその推移をみると（**図表序－19**）、「取引実績による信頼関係」が全期間を通じ70％台を維持し、最も多くなっている。「納期の厳守・短納期への対応」は増加傾向にあり、２０１８年調査では「品質が優れていること」「コスト対応力」を上回り、５割近い企業が挙げている。納入先が納期重視の姿勢を強めている様子が窺われる。前掲**図表序－17**で発注企業の短納期の納入を求める姿勢がやや薄れていることを考え合わせると、定まった製品の経常的取引の納期を短縮することよりも、多様な製品、非経常的な発注への柔軟な納期対応が重視されていると考えられる。一方、「専門技術、特殊な加工設備を持っていること」が減少しているほか、「技術開発力、提案力」も２０００年以降減少するなど、技術力が評価されなくなってきている。

業種別に2018年調査における主力納入先が発注している主な理由について全業種との比較でみると、鉄鋼・非鉄・金属製品は「納期の厳守・短納期への対応」（54・4％）が高い。電子部品・電気機械は「技術開発力、提案力」（24・1％）の割合が高い。モジュール化が進んでいるとされる業種であるが、技術面での貢献が評価されて

図表序－19　主力納入先が発注している主な理由（3つまで複数回答）

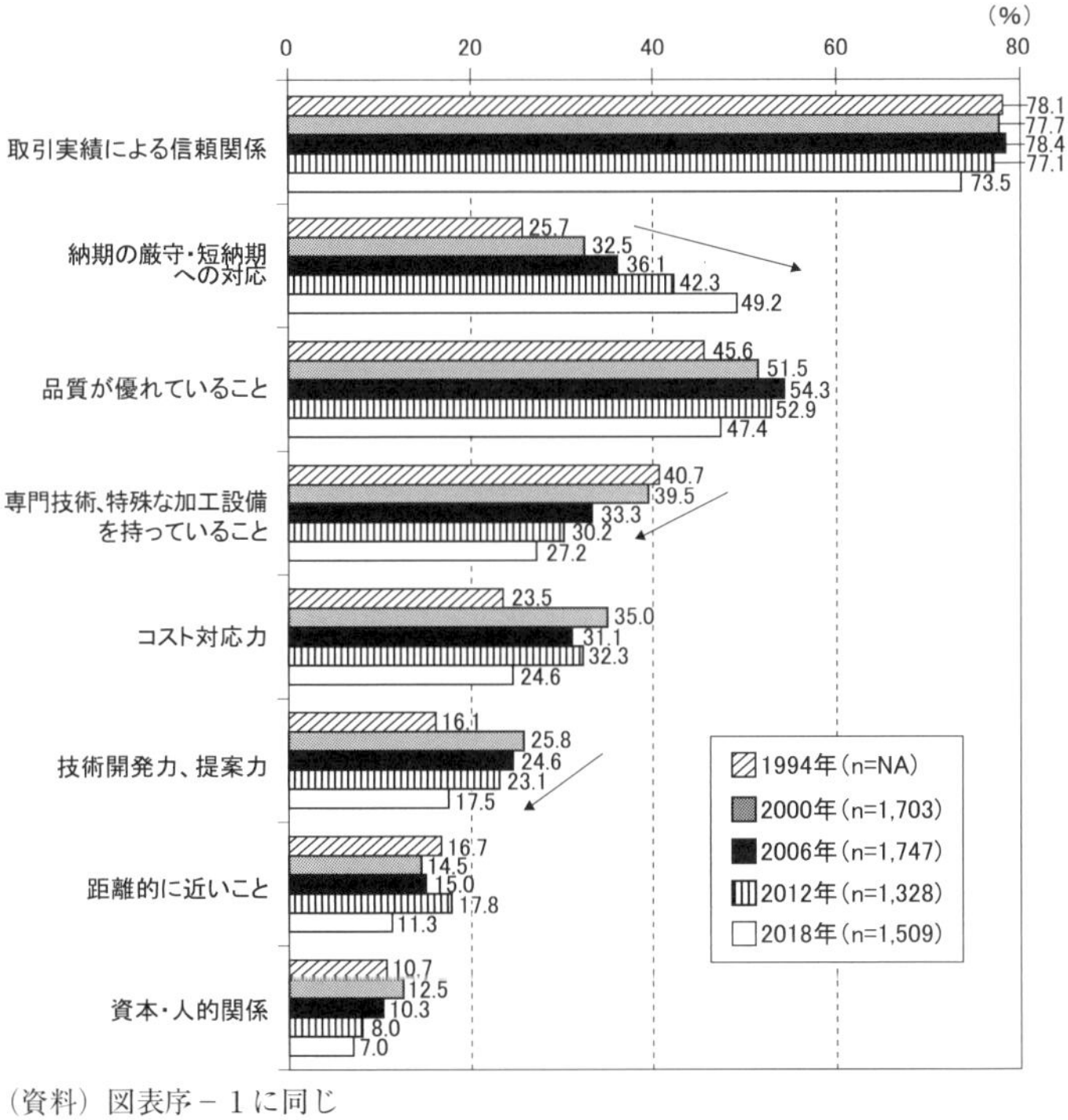

（資料）図表序－1に同じ
（注1）「納期の厳守・短納期への対応」は2012年調査まで「納期を厳守すること」
（注2）1994年調査以降比較可能な項目
（注3）項目変更により掲載を割愛した項目があることから、「その他」は省略した

いる。一方、自動車部品では「コスト対応力」（38・1％）の割合が高い一方、「品質が優れていること」（39・7％）が相対的に低い。系列取引が進んでいる自動車部品業界においては、納入先からの発注を受けるにあたり同業他社と品質による差別化を行うことが難しく、コストによる競争が中心となっている様子が窺われる。その他輸送用機械部品は「取引実績による信頼関係」（80・4％）、「専門技術、特殊な加工設備を持っていること」（33・3％）、「納期の厳守・短納期への対応」（54・9％）の割合が高い。

(3) 国内同業者と自社の比較

国内同業者と自社の比較は技術、コスト対応力、納期への対応力、保守等アフターサービスの4項目につき、「上回る」「やや上回る」「同水準」「やや下回る」「下回る」の5段階で尋ねている。技術、納

図表序－20　国内同業者との比較（2018年調査）

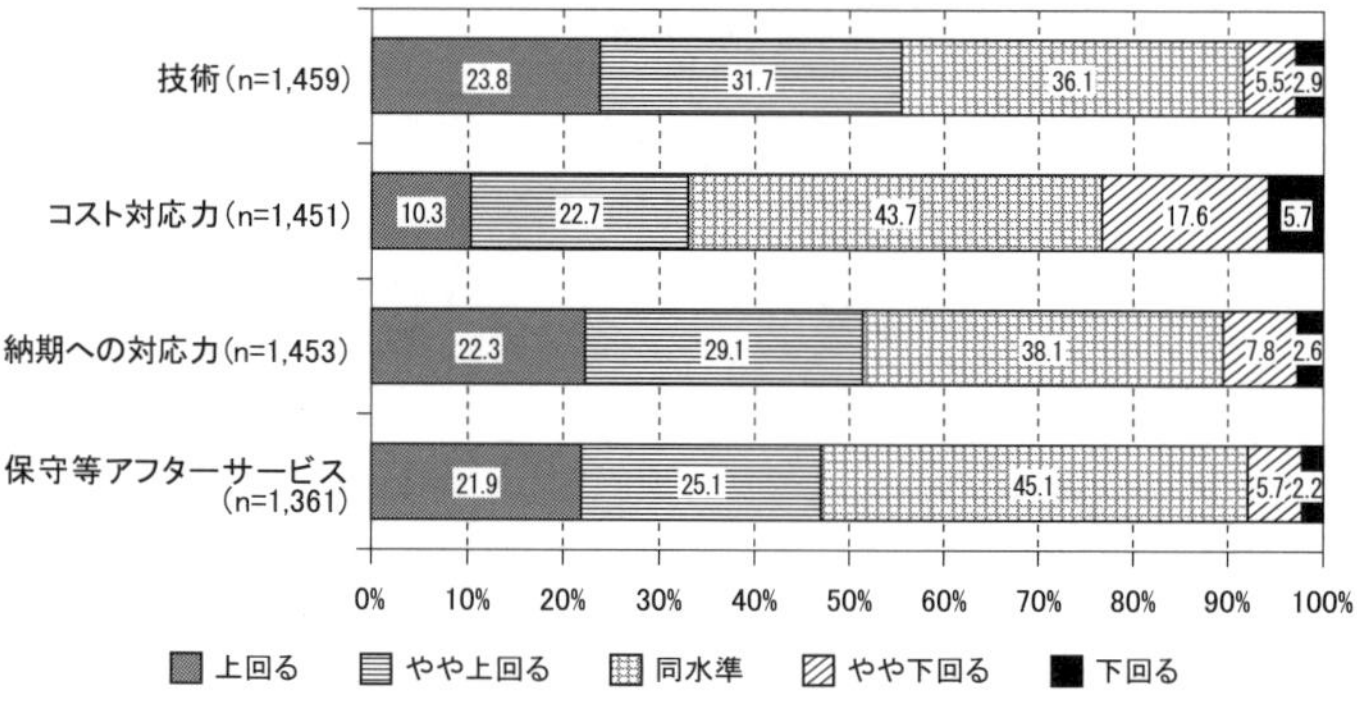

（資料）図表序－1に同じ

期への対応力、保守等アフターサービスは「上回る」「やや上回る」の合計が50％前後あり、国内同業者に対し優位と感じる企業の割合が多い。一方、コスト対応力は「下回る」「やや下回る」の割合が相応にあり、分布の評価が分かれている（図表序－20）。

回答分布からみて技術、納期への対応力、保守等アフターサービスについて、調査対象企業は自社の競争力が業界平均水準以上であると評価しているが、コストに関しては他社との差別化は他の項目よりも難しいと考えている。これは受注型の企業向けを中心に価格引き下げ要請が普遍的に存在し、コスト対応の努力を多くの中小企業が行っていることや、コスト削減について方法面での差別化が容易でないことが影響していると考えられる。

❹ 中小機械・金属工業の戦略的対応と今後の動向

（1）販売（受注）先数および外注先数の増減

販売先数の変動は二つの要因の複合的作用によってもたらされる。一つは景気変動の影響である。好況期には販売受注先数は増え、不況期には逆となる。もう一つは企業の販売受注先数に対する姿勢（販売受注先を増やすか減らすか）である。先数を増やす対応は増収を図るために新規に販売受注先を獲得する場合である。減らす対応は、利益率を高めるために不採算先との取引を取りやめる場合が考えられる。

販売（受注）先数の推移をみると（**図表序－21**）、「1～6社」「7～10社」「11～20社」の割合が低下し、「21社以上」（２０１２年調査以降は「21～50社」「51～１００社」「１０１社以上」に分割）が上昇している。既往の販売先への売上増を目指すにとどまらず、販売先数を増やすことで売上拡大を目指す姿勢が窺われる。

２０１８年調査における販売先（受注先）への売上高を地域別（同一県内、県外であるが同一地方圏、異なる地方圏（国内））にみると（**図表序－22**）、いずれの地域でも売上高が「増加した」の割合が「減少した」を上回った。これに関して更に詳しくみると、「増加した」の割合は「同一県内」（25・4％）より「県外であるが同一地方圏」（29・0％）、「異なる地方圏（国内）」（39・4％）と遠隔地になるほど高くなっている。また、「増加した」と「減少した」の差も同様に遠隔地ほど大きく、中小機械・金属工業では広域での販売先（受注先）開拓が図られたことを示している。

アンケート調査では外注取引数の5年前と比較した増減についても調査している。

企業にとって外注取引には二つの効果がある。一つは個々の企業レベルで外注により自社が最も強みを発揮できる工程、高い付加価値を獲得できる工程に特化するもので、競争力や企業価値を高めることができる。例えば自社で組み立てを行う製品（完成品もしくは部品、ユニット・モジュール）を構成する部品のうち内製できないものを調達することや、部材の加工（めっきや熱処理等）を自社で行わず外部に委ねることなどであり、垂直分業関係であることが多い。

図表序－21　販売先数の推移

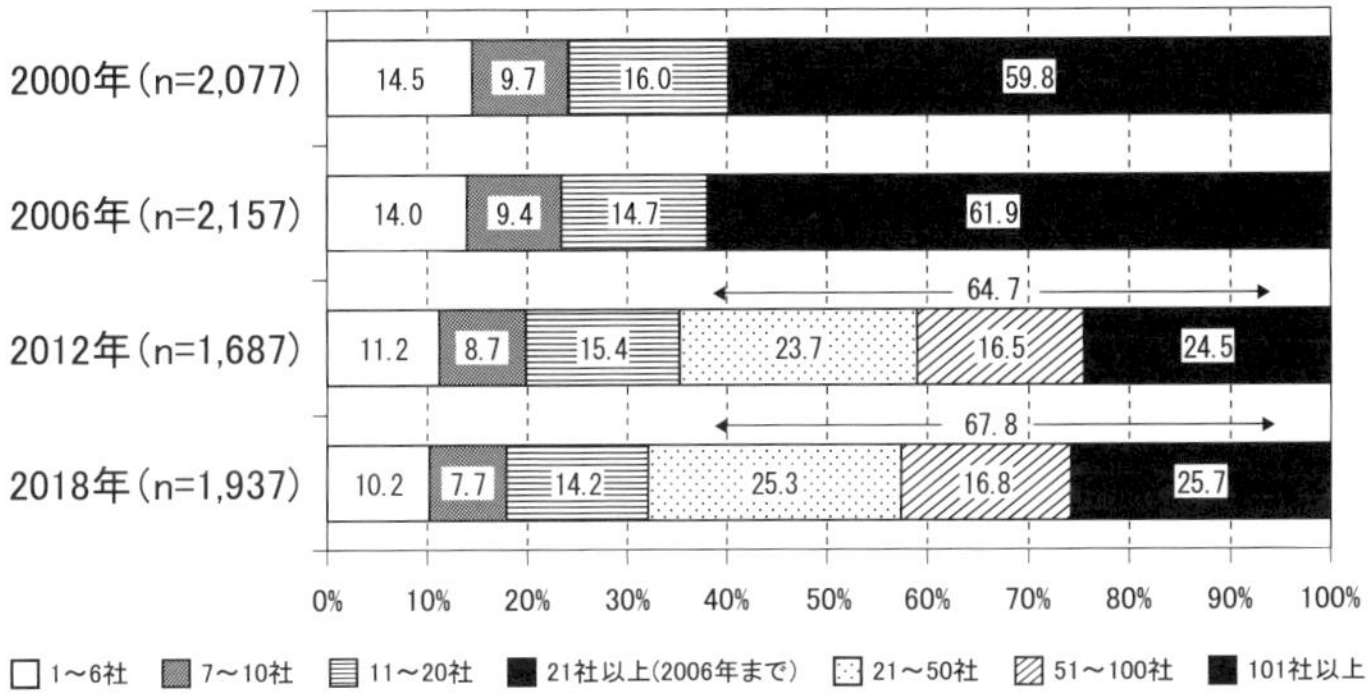

図表序－22　売上金額からみた国内の販売先（受注先）の地域の変化

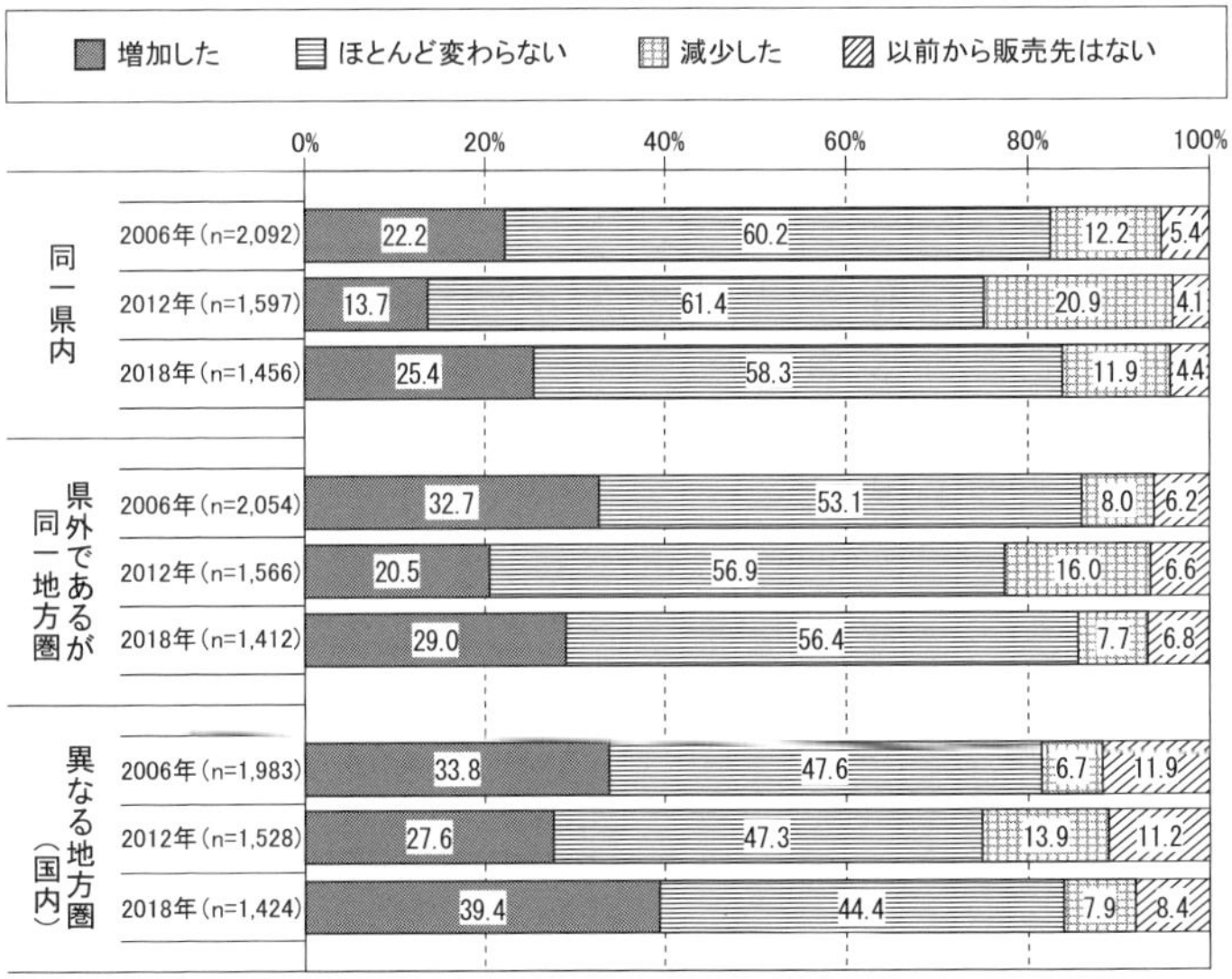

（資料）いずれも図表序－1に同じ

外注取引のもう一つの効果は、集積面に関するもので、同業者間での仕事のやり取りを通じた下請企業全体での生産能力の調整である。例えば規格化された部品の製造などにおいて、一時的に大量の注文が集中し個別に生産能力を超えた受注を抱える場合に、余剰生産能力を持つ同業他社に生産を外注するものであり、水平分業関係といえる。ある産業を地域単位でみるとき、この外注取引は「層として受注の総量としての安定性を実現することが可能となる」[7]という意味を持つ。この意味での外注取引が成立するためには発注者と受注者の間で繁忙期にズレが生じる際などに余剰生産能力を提供し合うような信頼関係が成立していることが前提となる。

先に述べたとおり、中小機械・金属工業の主力納入先との関係は希薄化の一途を辿っている。これは系列関係の希薄化・流動化の反映であり、主力納入先にとっては受注企業の繁閑の状況を的確に把握して発注を行うことが難しくなっていることを意味する。従って、受注する中小企業自らが外注先という代替生産企業を確保することはサプライチェーンの生産の柔軟性を高めるのに有効であり、中小企業の競争力そのものにプラスに作用することも期待できる。

今後の中小機械・金属工業の外注取引については、その構造変化の観点からさらに次のような広がりが考えられる。製品が高度化・複雑化すれば部品内製化の難度が高まり、外注により分業を増やすことがプラスとなる。一方で、製品のデジタル化が進むことで部品の規格化が進むとみられ、外注を増やすことで自社の得意分野に集中することが容易となる。逆に自社が他企業からの外注を引き受ける余地も高まろう。

アンケート調査では5年前と比べた外注先数の変化を「増加した」「あまり変わらない」「減少した」の3択で尋ねている。2018年調査では「増加した」の割合が26・8％と「減少した」の18・0％を上回り、2012年調査（「増加した」18・4％、「減少した」20・1％）から逆転した。ただ、2006年調査では「増加した」が29・1％、「減少した」が13・0％であり、外注先数の変化に傾向性は見出せず、外注取引に構造的に変化が生じたとは考えにくい。

業種別に5年前と比べた外注先数の変化をみると（**図表序－23**）、自動車部品以外の業種で「増加した」の割合が「減少した」を上回った。はん用・生産用機械で「増加した」の割合が34・3％と特に高い。自動車部品は「増加した」が18・8％、「減少した」が27・3％で、「減少した」の割合の方が高い。

図表序－23　業種別５年前に比べた外注先数の変化（2018 年調査）

（構成比：%）

	増加した	あまり変わらない	減少した	以前から外注先はない	合計	回答企業数
鉄鋼・非鉄・金属製品	26.3	53.8	16.6	3.3	100.0	634
はん用・生産用機械	34.3	46.8	17.7	1.2	100.0	248
電子部品・電気機械	28.5	49.7	19.2	2.6	100.0	193
自動車部品	18.8	50.6	27.3	3.4	100.0	176
その他輸送用機械部品	23.4	61.7	10.6	4.3	100.0	47
その他	24.3	56.3	12.6	6.8	100.0	103

（資料）図表序－１に同じ
（注）５年前との比較

(2) 技術開発・新製品開発

技術開発・新製品開発は、開発を自社の内部で完結させる方法と、自社以外の組織と協力しながら進めていく方法の2通りに大別される。自社内で完結させる場合は開発内容の機密を保持できるメリットがある一方、自社開発要員の人数や能力、開発用の設備の性能、研究開発費の金額などの制約を受ける。

また、自社以外の組織と協力しながら進める場合は、自社と相手組織の1対1で行うことが一般的で、複数の企業が共同で行うことは少ない。推進にあたっては自社が相手組織に対し主導的な(限定分野での主導的な場合を含む)もしくは対等な役割を果たす場合と、従属的な役割を担う場合がある。大学等研究機関との共同開発であれば得意分野が異なるため、役割が分担されることとなる(例：研究機関は基礎研究、中小企業は実用技術)。

技術開発・新製品開発のために現在行っていることについて尋ねたところ(図表序-24)、「自社単独で実施」は一貫して70%程度の企業が挙げており、最も割合が多い。「親企業との相互技術協力」「親企業からの技術指導」はいずれも減少傾向にあり、前掲の主力納入先との関係において「技術面での指導」が減少していることと整合している。一方、「大学、研究所等の外部機関と共同で実施」は増加している。

なお、「同業者の組合等で共同で実施」「異業種交流グループで共同で実施」を挙げる割合は10%に満たず、増加する兆しもみられない。成果を挙げている異業種交流グループでは全参加者を

図表序－24　技術開発、製品開発のために現在行っていること
（3つ以内複数回答）

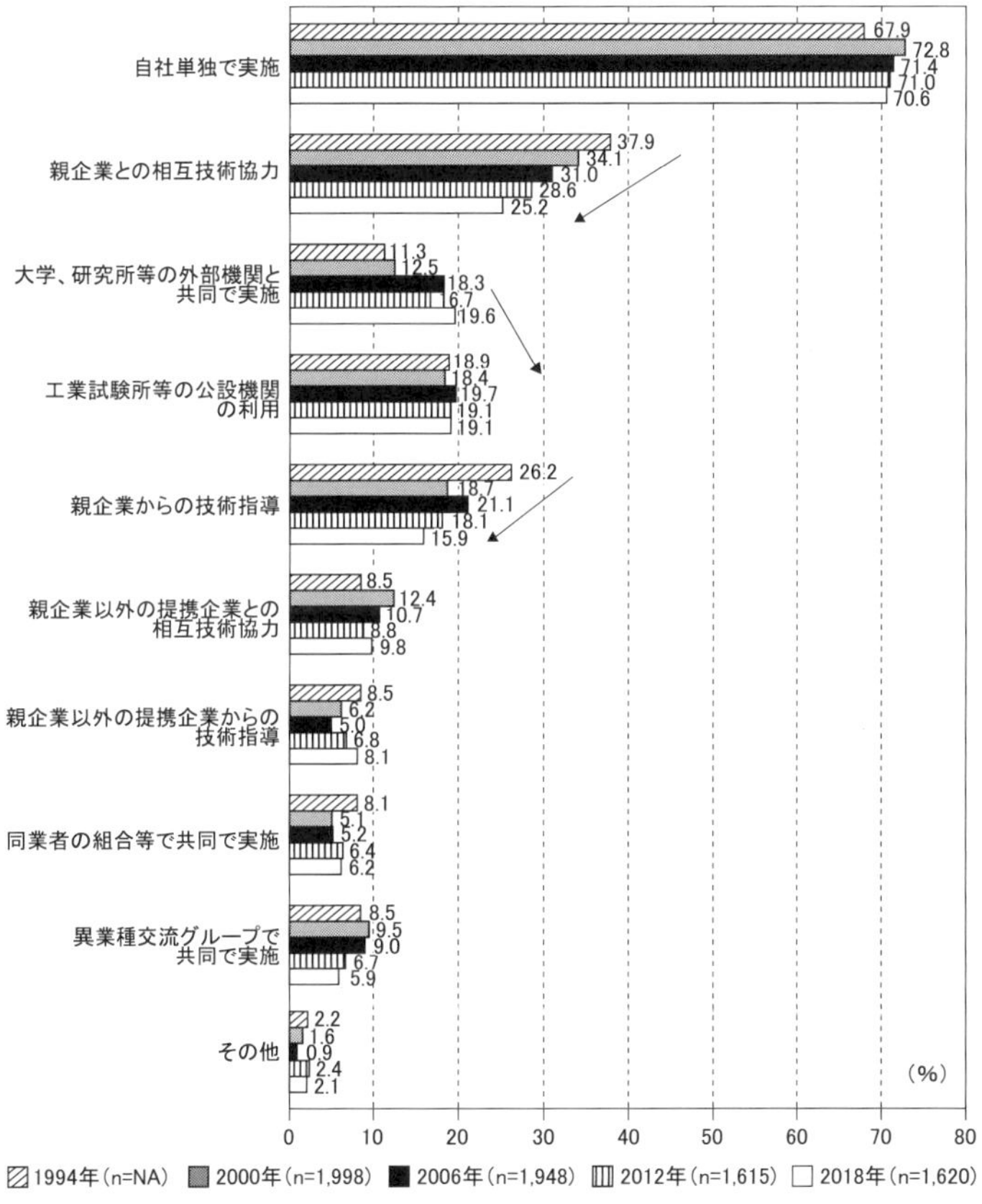

（資料）図表序－１に同じ

コントロールしうるだけの強いパワーを有するリーダーが存在し、その人物に契約書に盛り込まれなかった残余の事項を事後的に調整する権利を付与するなど問題の解決に関する意思決定を任せている場合が多い、との指摘[8]もある。従って資質に恵まれたリーダーの存在が不可欠と考えられ、交流が簡単には成果に結びつかない一因となっている。

　業態別に技術開発・新製品開発体制をみると、自社製品型では「自社単独で実施」が89・1％で最も高い。一方、系列受注型では「親企業からの技術指導」（22・2％）、「親企業との相互技術協力」（33・1％）の割合が他の業態に比べ高くなっている。それ以外の項目では各業態で目立った差異はみられない[9]。

　国内同業者と比較した技術水準の自己評価と技術開発・新製品開発体制との関係をみると（図表序－25）、国内同業者を「上回る」「やや上回る」としている企業は、そうでない企業（「同水準」「やや下回る」「下回る」と回答した企業）に比べ、「自社単独で実施」「大学、研究所等の外

図表序－25　国内同業者と比較した技術水準の自己評価別技術開発・製品開発手段（2018年調査）

（%）

	自社単独で実施	親企業からの技術指導	親企業との相互技術協力	親企業以外の提携企業からの技術指導	親企業以外の提携企業との相互技術協力	同業者の組合等で共同で実施	異業種交流グループで共同で実施	大学、研究所等の外部機関と共同で実施	工業試験所等の公設機関の利用	その他
国内同業者を「上回る」「やや上回る」(n=580)	75.8	13.0	24.6	8.1	11.0	5.2	5.6	23.4	22.5	2.0
上記以外(n=770)	63.8	19.7	27.1	9.7	9.5	8.1	6.0	16.7	16.9	2.4

（資料）図表序－1に同じ
（注）技術水準の自己評価は国内同業者を「上回る」「やや上回る」「同水準」「やや下回る」「下回る」の5段階で評価

部機関と共同で実施」「工業試験所等の公設機関の利用」などの割合が高い。一方、「親企業からの技術指導」「同業者の組合等で共同で実施」などは相対的に低くなっている。技術力のある企業ほど自社開発を基本としつつも、産学共同研究や公的機関の利用を積極的に行っている様子が窺われる。

(3) 事業の発展可能性

今後5年間の事業の発展可能性について、アンケート調査では「順調に発展できる」「緩やかかながらも発展できる」「現状維持は可能」「やや厳しい」「かなり厳しい」の5段階で尋ねている。1994年調査からの推移をみると（図表序－26）、2012年を除き「順調に発展できる」「緩やかながらも発展できる」の合計が50％前後を占める。一貫して20％以上を占める「現状維持は可能」を

図表序－26　今後5年間の事業の発展可能性の推移

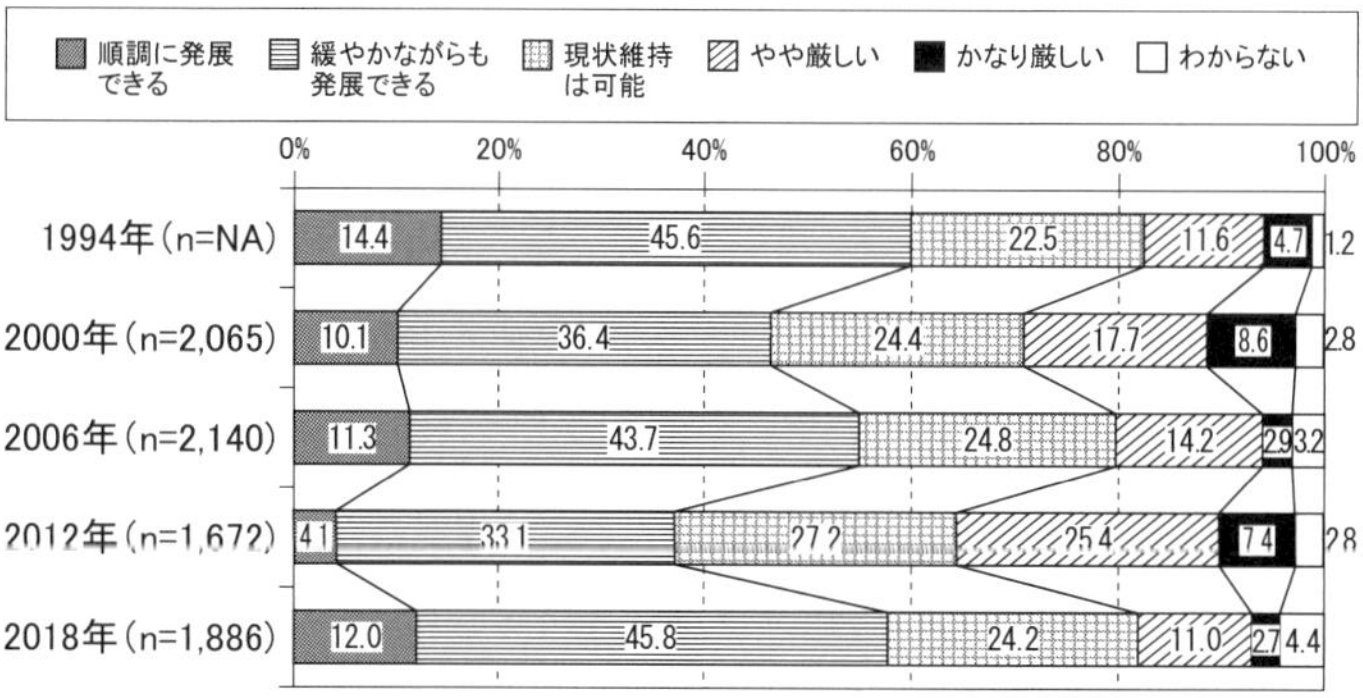

（資料）図表序－１に同じ
（注）1994年左から「十分発展できる」「ある程度発展できる」「現状維持はできる」「やや厳しい」「かなり厳しい」「わからない」

合わせると、70～80％の企業が現状維持以上は可能と考えており、今後に対し比較的楽観的な見通しを持っている。

（4）志向する企業のタイプ

将来的にどのようなタイプの企業として発展することを志向するかについて、アンケート調査では完成品メーカー志向か部品メーカー志向か、部品メーカー志向の場合どのような受注形態を志向するかという視点で質問を行っている。

志向する企業のタイプの構成比の推移をみると（**図表序－27**）、「完成品メーカー」を志向する割合が減少傾向にある。一方、「複数の企業（グループ）からの受注生産を中心に行う部品メーカー」は増加している。「特定の企業（グループ）からの受注生産を中心に行う部品メーカー」は2000年に減少して以降7～8％で

図表序－27　志向する企業のタイプの推移

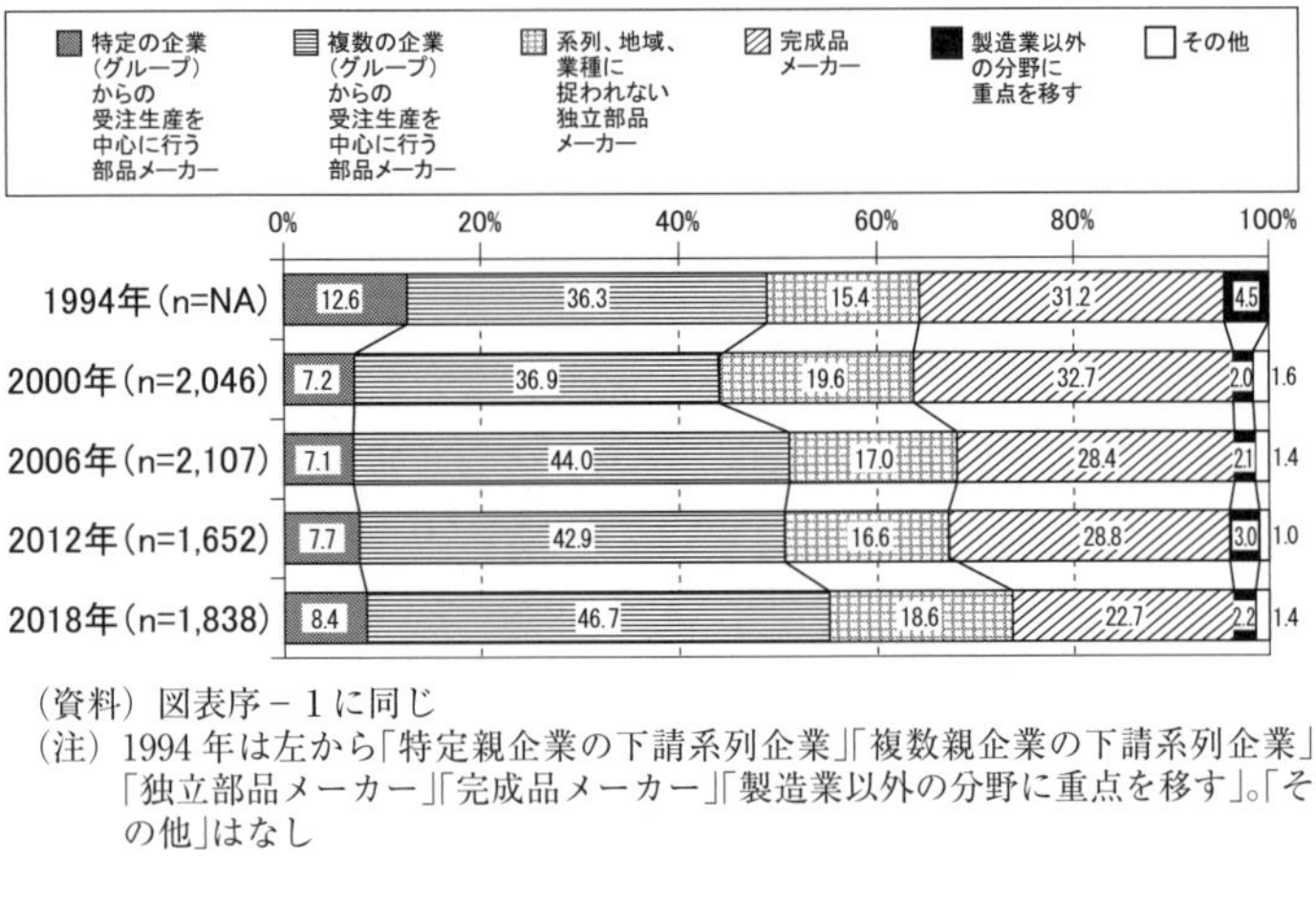

（資料）図表序－1に同じ
（注）1994年は左から「特定親企業の下請系列企業」「複数親企業の下請系列企業」「独立部品メーカー」「完成品メーカー」「製造業以外の分野に重点を移す」。「その他」はなし

推移し、「系列、地域、業種に捉われない独立部品メーカー」の割合は特段の変化はない。

志向する企業のタイプとしては完成品メーカーから受注生産メーカーへのシフトがみられる。これは受注の安定化を志向する動きが強まると同時に、デジタル化により機械製品のみならず装置を構成する機械が機能面で一体化している側面の反映とみることができよう。また、受注は特定企業からよりも複数の企業（グループ）からの注文を受ける形が志向されている。

これを業種別にみると、全体との比較では、鉄鋼・非鉄・金属製品と自動車部品では「複数の企業（グループ）からの受注生産を中心に行う部品メーカー」が相対的に高い（各53・2％、61・0％）。これに対し、はん用・生産用機械と電子部品・電気機械では「完成品メーカー」が比較的高い（各43・0％、28・4％）。

中小機械・金属工業は自社製品生産から受注生産への志向を強めているが、それはかつてのような特定の企業系列への帰属を意味するものではなく、複数の企業系列とのつながりが意識されている。そうしたなか、親企業や主力納入先との人的・資本関係は希薄化し、技術的なつながりも弱まっている。また、主力納入先の期待は技術的な貢献から納期対応などサプライチェーン内での機能面での貢献へとシフトしており、中小企業は持てる生産技術機能を絞り込んでいる。

こうした動きはサプライチェーンの高度化に応じ、中小企業がそのなかの一つのパートとしての機能を研ぎ澄ましていく過程とみることができよう。中小企業が属するサプライチェーンは複線化しており、この機能は異なるサプライチェーンへの適応が可能な柔軟性を持つ必要がある。

ただ、このことは個としての中小企業がサプライチェーン外で事業を展開していくうえでは技術的な「基礎体力」の低下につながりかねない点に注意が必要である。

付注1　売上高経常利益率

2015～2017年度の3年間の平均売上高経常利益率は3・4％であった（**付図1**）。これを業種別にみると、はん用・生産機械が3・8％と高い一方、自動車部品は2・5％にとどまっている。業態別にみると、「自社製品型」が4・0％、「独立受注型」が3・5％、「系列受注型」が3・1％となっており、系列受注色が強まるほど利益率は低い。

付注2　中小機械・金属工業の構造変化に関する実態調査について

本章の基礎データである「中小機械・金属工業の構造変化に関する実態調査」（直近の第9回調査）は**付図2**の通

付図1　売上高経常利益率（2018年調査）

（％）

		鉄鋼・非鉄・金属製品	はん用・生産用機械	電子部品・電気機械	自動車部品	その他輸送用機械部品	その他
業種別	売上高経常利益率	3.4	3.8	2.8	2.5	2.9	4.3
	回答企業数	633	357	219	168	54	155

		自社製品型	独立受注型	系列受注型	合計
業態別	売上高経常利益率	4.0	3.5	3.1	3.4
	回答企業数	265	369	866	1,586

（資料）図表序－1に同じ
（注1）売上高経常利益率は2015～2017年度の平均値で、明らかな異常値を除去した後、平均値の3標準偏差を上回る、もしくは下回る値を除去した（以下同様）
（注2）合計は各カテゴリー未回答の企業を含む

り実施した。実施要領の詳細は補章の付注を参照されたい。本章では、最新調査から遡及して比較可能と考えうるデータを用いた[10]。1976年の第1回から2018年の最新調査まで連続したデータはなく、調査内容が大きく変更された1994年、ないし2000年の調査から最新調査までの4期もしくは5期の時系列分析が中心となる。国際化と新事業展開はそれぞれ第2章と第3章で触れるため、本章では採り上げない。IT化は最新調査の質問項目を前回から大きく変更しているので時系列での分析は行わない。

なお時系列データは、中小機械・金属工業を対象とするという基本線は維持されているものの産業分類の変更に対応して調査対象業種の見直しを行っていること、有効回答の業種構成比に変動があること、それらの変動・変更に関連する統計的調整を行っていないことから、計量的に厳密な時系列比較はしていない。

付図2　第9回「中小機械・金属工業の構造変化に関する実態調査」実施要領

＜第9回中小機械・金属工業の構造変化に関する実態調査＞

1. 調査目的
中小機械・金属工業における分業構造等の変化の実態と構造変化の中で中小企業が発展していくための方向性の把握。1970年以降6年毎に実施
2. 調査時期
2018年11月15日～12月17日
3. 調査対象先
商工中金の取引先中小機械・金属工業のうち主に中小機械・金属工業関連企業
4. 有効回答企業数
1,973社（アンケート発送数6,278社、回収率31.4%）
5. 調査方法
郵送またはオンラインによるアンケート調査

1　量産しても売上が見込め、利益を出せる製品であれば生産規模を拡大する選択肢が取られ、その企業が中小企業の範疇にとどまる必要はないと考えられる。

2　２００８年のリーマン・ショック後の景気後退期には「独立受注型」企業への部品発注打ち切り↓「系列受注型」企業への発注削減・打ち切りの順で発注が調整された。系列企業の経営を守る配慮があったものとみられる。

3　パソコンで例えればハードディスク、ＣＰＵ、マザーボード、メモリなど。各モジュールが規格化されると、どの製造会社のモジュールを用いてもパソコンが作動するようになり、組み立て時の相互調整コストを引き下げる効果がある。

4　ＦＭＣ（Flexible Manufacturing Cell）は工作機械や産業ロボットを組み合わせたもので、工程の一まとまりをカバーする。ＦＭＳ（Flexible Manufacturing System）はＦＭＣを組み合わせて自動搬送装置でつなげたものを指し、ＦＭＣより大規模である。

5　「海外市場での競争激化」を挙げる割合は、独立受注型４・９％、系列受注型４・０％に対し自社製品型は１２・５％となっている。

6　江口政宏（２０１９）「中小機械・金属工業の長期的な構造変化」９頁参照。

7　渡辺幸男（１９９７）「日本機械工業の社会的分業構造」（有斐閣）

8　港徹雄（２０１１）「日本のものづくり　競争力基盤の変遷」（日本経済新聞出版社）

9　独立受注型の開発体制は自社製品型と系列受注型の概ね中間的な水準にある。

10　調査項目の変更がないか、項目名称に軽微な変更があったもの。特定の調査項目が分割されたが他の項目に影響がないと判断されたものも含む。

第１章
ＩＴ化による競争力向上

ＩＴ（情報技術）は情報を事業目的に沿って処理する基本ツールであると同時に、生産性を向上させる手段でもある。第四次産業革命ともいわれる急速なデジタル経済化の進展に伴い、利用できるＩＴ手段は急速に拡大し、様々な用途への展開が可能である。企業の競争力を直接高めるものではないが競争力を高める経営行動を遂行する基本手段としての重要性は高い。

本章では、まず中小企業のＩＴ化の内容を概観し、併せて製造業にとって重要性を増しているＩｏＴについて説明する。次にアンケート調査を基に中小機械・金属工業がＩＴの活用に具体的にどのように取り組んでいるかについて述べ、利用に際し直面している問題点や課題に触れる。最後に、部品と設計のデジタル化が組立メーカーによる製品全体の構造の把握を困難にしている現状について触れ、そのことで中小製造業に新たな技術貢献の可能性があることを述べる。

❶ 中小企業のIT化の内容

本節では企業が実施可能なIT化の内容について解説する。中小企業のIT導入の経緯に触れたうえで、現在におけるITの構成要素とその機能について述べる。そのうえで中小企業のIT化の将来像にも言及する。

（1）IT化で中小企業が目指すもの

本題に入る前に、中小企業がIT化で何を目指すのかを押さえておこう。商工中金「中小企業のIT活用に関する調査」（2017）でIT化の目的をみる（**図表1―1**）。ここでの「目的」は全社経営の視点からの一般的な

図表1－1　中小企業のIT化の目的　（複数回答）

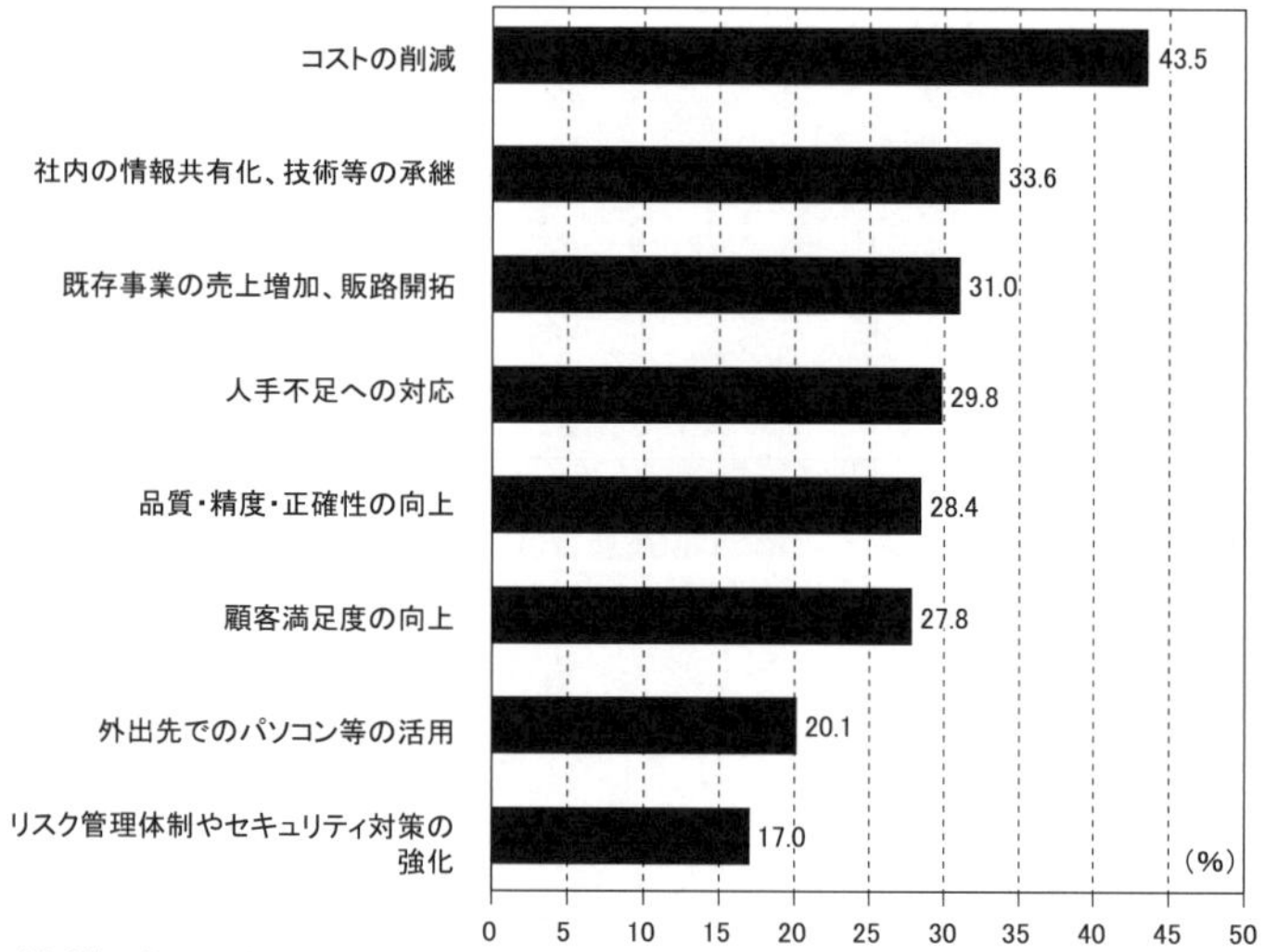

（資料）商工中金「中小企業のIT活用に関する調査」（2017年7月調査）
（注）15%以上の項目を抜粋

ものである。

目的のなかでは「コストの削減」が43・5％と最も多く、「社内の情報共有化、技術等の承継」(33・6％)、「既存事業の売上増加、販路開拓」(31・0％)、「人手不足への対応」(29・8％)、「品質・精度・正確性の向上」(28・4％)、「顧客満足度の向上」(27・8％)の順となっている。コスト削減やオペレーションの改善が強く意識されている。

業種別にみると、鉄鋼・非鉄・金属製品、電子部品・電気機器、その他輸送用機器では「コストの削減」「品質・精度・正確性の向上」「社内の情報共有化、技術等の承継」の順に挙げる割合が高く、はん用・生産用機械では「社内の情報共有化、技術等の承継」「コストの削減」「品質・精度・正確性の向上」の順であるなど、全体と大きな違いはない。

(2) ＩＴツール

①パソコン・インターネット・電子メール

インターネットや電子メールを利用するために欠かせないハードウェアであるパソコンの普及は中小企業でほぼ達成されている。中小企業庁「2008年版中小企業白書」によると、今から10年以上前の2007年時点で既に従業員20人以下の製造業のパソコン保有率は91・4％であり、同21～300人では99・8％にのぼる。

企業のパソコンに保存されるデータは多くの場合、サーバを通じ共有化される。サーバは企業内部で独自で構築される「オンプレミス」（On Premise）とプラットフォーム業者により企業外部で構築される「クラウド」（Cloud）に大別される。サーバの容量は企業の取り扱いうる共有情報の総量に上限を与えるもので、オンプレミスの場合、企業の情報化推進の制約条件となることがしばしばあったが、クラウドの出現により制約条件を取り払うことが可能となる（詳しくは後掲の④クラウド・コンピューティング参照）[1]。

企業外部を含めたパソコン同士を繋ぐ手段であるインターネットや電子メールの普及は中小企業でも進んでいる。信金中央金庫の調査によると、２０１６年時点で従業員規模10人以上の企業では80％以上がインターネットを利用しており、30人以上では90％以上となっている[2]。インターネット利用企業のうち自社ＨＰを開設している企業の割合は従業員40人以上で80％を上回る。電子メールは同20人以上で利用率が80％を超え[3]、40人以上で90％を上回る。このように、従業員10人以上の中小企業ではインターネットや電子メールといったパソコン同士をつなぐツールも既に大半の企業で普及している。

②モバイル通信機器

ハードウェアであるパソコンはノート型の場合持ち運びのできる小型で軽量なものもあるが、基本的には事業所内の定まった場所に置かれる。近年では小型ＰＣより持ち運びに適したデバイスとしてスマートフォンやタブレットがビジネスの場で用いられる。モバイルコンピューティング推進コンソーシアムの調査によると、２０１３年度のスマートフォンとタブレットの利用率（いずれも社員への貸与）は、従業員30～49人の企業でそれぞれ38％、30％、50～99人の企業で45％、35％で、中小企業でモバイル機器を貸与する率は30～40％程度である。従業員５０００人以上の企業ではそれぞれ65％、69％と6割を超え、中小企業との間で利用率に開きがある。

　同じ調査で、個人所有の端末（スマートフォン、タブレット端末）をビジネスに活用するＢＹＯＤ（Bring Your Own Device）の導入率は従業員30～49人の企業でそれぞれ35％、23％、50～99人の企業で27％、23％であり、企業貸与の場合と合わせると5～6割程度の中小企業がモバイル通信機器を活用している計算になる。ただ、企業外のモバイル通信機器を企業のサーバに接続させる場合、情報漏洩やウイルス感染防止のためセキュリティ対策を講じる必要がある。この点について情報処理推進機構「２０１６年度中小企業における情報セキュリティ対策の実態調査」をみると、中小製造業（鉱業・電気・ガス・熱供給・水道業含む）はタブレット端末及びスマートフォンへのセキュリティ対策は、最も高い「端末のパスワード設定」でも57・1％の企業が実施しているにとどまり、他は「セキュリティソフトの導入」が32・7％、「利用ルールの策定（アプリケーションの導入制限等）」が10・0％、「モバイルデバイス管理ツールによる端末管理」が7・6％、「紛失・盗難時のデータ消去」が7・1％であり、十分とはいえない。「特に実施していない」も23・1％あり、中小企業のモバイル通信機器のセキュリティ対策には改善の余地が大きい。

③ソフトウェア

パソコンなどのハードウェアを駆動するソフトウェアにどのようなものを用いるかは、ハードウェア同士、或いは異なる部署や事業所間の情報処理上の連携を進めるうえで極めて重要である。ソフトウェアは、①自社で開発するソフトウェア、②自社仕様のソフトウェアを専門業者に発注するオーダーメードのもの、③会計ソフトウェアに代表される汎用性のある市販品であるパッケージソフトウェア、④クラウド・コンピューティングにおいてプラットフォーマーが提供するソフトウェアに大別される（**図表１－２**）。

このうち①②は自社向けにカスタマイズされたもので、自社の外にあるシステムにそのまま接続することはできない。④は部分的にカスタマイズが可能[5]だが、③はカスタマイズの余地は小さい。費用面からみると、①（主に開発にかかる人件費）②（主に開発業者に支払う費用）は④に比べ費用がかかる。③は特定目的限定のものが中心であること、量販品であることから安価である場合が多い。ただし、近年ではＥＲＰ（Enterprise Resource Planning、経営資源計画。経営資源の情報を、一元的に管理す

図表１－２　ソフトウェアの種類

	コスト	メンテナンス	システムの機能連携
①　自社で開発するソフトウェア	人件費で対応できる	自社対応	難度高い
②　専門業者にオーダーメードで発注する自社仕様のソフトウェア	自社開発に比べ高め	業者が行うがコストがかかる	難度高い
③　汎用性のある市販ソフトウェア	個別目的は安価だがERP対応は高額	なし。バージョンアップで要買替	ERP対応は可。個別対応ソフトは不可
④　クラウドのプラットフォーマーが提供するソフトウェア	仕様メニューを増やすと高額に	プラットフォーマーが行う	可

筆者作成

ることで経営の効率化を図ること）対応のパッケージソフト[6]も利用されてきている。メンテナンスは①は自社責任である。②はソフトウェア開発業者に任せられるがコストがかかることと、その開発企業が存続する場合に限られることが問題となる。③④は基本的にメンテナンス不要だが、③の場合バージョンアップ等による買い替えの必要がある。

　個々のシステムの統合はＥＲＰ対応を除きいずれの場合も容易ではない（自社向けにカスタマイズされたソフトウェア統合の成功例は**第２章　事例ｄＡ社**参照）。また、陳腐化に伴いソフトウェアを変更する場合、購入コストや開発コストが埋没コストとなるほか、スイッチングコスト[7]がかかることとなり、企業の負担は小さくない。

　中小企業庁「２０１６年版中小企業白書」で業務領域別に中小企業のソフトウェアの導入状況をみると（**図表１－３**）、パッケージソフトは財務・会計

図表１－３　中小企業の業務領域別に見たＩＴの導入方法

（%）　（%）

	自社開発ソフト・システム	オーダーメイド・システム	パッケージソフト・システム	クラウド・コンピューティング	（参考）ITの導入率
物流 (n=1, 128)	23.6	33.0	37.6	5.9	29.5
生産 (n=1, 772)	25.9	29.7	40.0	4.4	45.7
販売 (n=3, 130)	20.5	31.5	42.2	5.7	75.7
調達・仕入 (n=2, 681)	20.8	29.9	43.9	5.4	66.0
カスタマーサポート (n=1, 017)	23.9	21.4	45.5	9.1	27.8
社内の情報共有 (n=2, 298)	21.1	16.2	45.5	17.2	58.3
開発・設計 (n=1, 143)	19.0	16.1	60.5	4.4	29.9
財務・会計 (n=3, 354)	6.8	14.4	73.6	5.2	81.8
人事・給与 (n=3, 138)	7.9	11.9	75.7	4.5	77.2

（資料）中小企業庁「2016 年版中小企業白書」

と人事・給与で70％以上、開発・設計は60％以上を占め、他の分野でも40％程度で利用されるなど、中小企業ではパッケージソフトへの依存度が高い。財務・会計と人事・給与で利用が多い背景には定型的な用途が多いことと、開発・設計ではソフトウェアが予め専用装置（ＣＡＤ等）に組み込まれていることがあるためと考えられる。自社開発ソフトは財務・会計と人事・給与以外でも20％前後にとどまり、中小企業では一般的ではない。一方、オーダーメードは物流、生産、販売、調達・仕入といった基幹的な業務で３割程度と、自社開発を上回る。これらの領域はパッケージソフトの割合が４割程度にとどまり、自社の業務内容に即したソフトウェアを使う必要性が高いと考えられるが、自社内部でそれを開発できる中小企業は限られることがわかる。クラウド・コンピューティングは社内の情報共有が17・２％あるがそれ以外は10％を下回り、利用は限られる。社内の部署を跨ぐサーバとしての用途で用いられることが多いといえる。

④クラウド・コンピューティング

企業のＩＴ化を支える新たな形態として利用が広がっているクラウド・コンピューティングについて触れておこう。クラウド・コンピューティングは、インターネットなどのネットワークに接続されたサーバが提供するサービスを、ネットワークを経由して利用者の事業所のパソコンやスマートフォン等モバイル端末で利用するものである。利用企業はクラウドサービスを提供する会社（アマゾンなどのプラットフォーマーに代表される）からデータの保管やバックアップ、社内外との通信、社内の情報共有、財務・人事管理などの事務処理を行うソフトウェアの提供といったサービスを受ける。

総務省「平成30年通信利用動向調査」によると、クラウドサービスを利用する従業者数１００～２９９人の企業の個別利用サービスのうち主なものをみると、「ファイル保管・データ共有」が51・８%、「電子メール」が50・４%、「サーバ利用」が47・９%、「社内情報共有・ポータル」が37・１%、「スケジュール共有」が35・５%、「給与、財務会計、人事」が32・２%となっており、データの保管や社内での共有、通信、間接部門の業務への利用などが主な用途となっている。

クラウドはインターネット回線があれば社外からでもスマートフォンやタブレットを用いてデータにアクセスすることが容易であり、情報共有や意思決定上の機動性が高まることが期待できる。このため、テレワーク（ＩＴ技術を活用した場所や時間にとらわれない柔軟な働き方）の導入も容易になる。反面、既存の社内システムとの連携は必ずしも容易ではない。後述の調査結果を始めとして、中小企業におけるクラウドの利用率は概ね２割程度となっており、中小企業に十分浸透しているとは言い難い[8]。

(3)　IT化のステージ

パソコンやサーバ、インターネットなどＩＴツールを整えても、部署の枠を超えたデータのやり取りや共有がなされなければ情報は担当者個人レベルで保管・利用されるだけであり、企業に付加価値をもたらす余地は小さい。ＩＴツールが機能するには企業自身がそれを繋げて個別の情報の利用を高める取り組み＝機能連携が不可欠である。

従って企業がＩＴツールを導入すれば、次に問題となるのは組織としての情報利用がどの程度可能であるかということになる。なお、組織としての情報利用が問題となるのは組織が職能別もしくは事業部として分化している場合であり、組織の構造が簡素な小規模企業や比較的人数の少ない中小企業では機能連携を前提としたＩＴ投資を進めるより、書類や口頭による「アナログ的」な情報共有の方が有効な場合もありうる（**事例ｆ　Ｂ社（第３章）**参照）[9]。

企業のＩＴ化の段階を明らかにしておこう。経済産業省は２００３年の報告書でＩＴ利活用段階を４つのステージに分類している（**図表１－４**）。ステージ１はＩＴ導入の目的が不明確でＩＴの活用が不十分な企業（ＩＴ不良資産化企業群）である。ステージ２は事業部門、機能別組織単位でＩＴを活用している企業（部門内最適化企業群）、ステージ３は企業、企業グループ単位でＩＴを活用している企業（組織全体最適化企業群）、ステージ４は取引先等も含め

図表１－４　ＩＴ化のステージ

ステージ1	IT不良資産化企業群	情報技術を導入するも、部分的なOA化に留まり不活性なIT資産が存在する企業
ステージ2	部門内最適化企業群	情報技術の活用した既存業務の効率化により、部門内効率化を実現している企業
ステージ3	組織全体最適化企業群	経営と直結した情報技術活用が、情報技術を理解する経営者により実行され、企業組織全体の最適化を実現している企業
ステージ4	共同体最適化企業群	単一企業組織を超え、情報技術によりバリューチェーンを構成する企業共同体全体で、仕組みの効率化と仕組みによる価値創造を実現している企業

（資料）経済産業省「我が国の企業のＩＴ化に対応する企業経営の分析」(2003年６月)

てＩＴを活用している企業（共同体最適化企業群）である。この場合、共同体はサプライチェーンが典型的な例である。段階が上がるほど後で述べるＩｏＴとの関連が高まる。

経済産業省「平成26年情報処理実態調査」によると、２０１３年時点で資本金1億円以下の企業ではステージ1から4までの企業構成比は順に18・5％、59・6％、19・9％、1・9％で、ＩＴを導入しているだけで有効活用できていないか、部門内最適化にとどまっている企業が80％近くを占める。同1億円超の企業は4・4％、51・1％、38・2％、6・3％で、部門内最適化にとどまる企業が最も多いが、組織および共同体の最適化を果たしている企業も4割以上に及ぶ。

このデータから以下の2点が読み取れる。一つは、企業のＩＴ化ステージは個別のばらつきが大きいということである。もう一点は、中小企業は規模が小さくＩＴ利用でも小回りが効く条件が整っているにもかかわらず、情報利用は部門内最適化にとどまる割合が大きく、組織的な情報利用の度合いが大企業に比べ劣っているということである。ＩＴを巡る革新がＡＩ、ビッグデータ、ＩｏＴなど新たな段階を迎えるなか、組織の機能が分化した一定規模以上の中小企業においては、利用ステージの遅れが企業の競争力向上を阻害する可能性がある。

(4) ＩＴの組織利用

中小企業においてＩＴツールは相当程度普及しているにもかかわらず、組織的な情報利用が遅れている背景は何だろうか。1点目は、ＩＴ関連人材の不足である。ＩＴ利活用のステージ分布からみて、企業の情報活用は従業者単位或いは部門単位で着手されることが多く、当初から全社的な活用を意図している場合は少ないとみられる。従って、部門内で完結したシステムを他部門のシステムと接続しようとしても、各部門独自に形成されたシステムを統合するには専門的で高度なＩＴ知識が必要となる。自社の人材で対応できない場合は専門業者に外注することになるが、[10]この場合でも発注側に一定のＩＴ知識があり的確な指示が行えないとシステム統合が希望通りの形とならない可能性がある。

総務省「平成30年通信利用動向調査」によると、従業員１００～２９９人の企業で不足しているＩＣＴ人材の割合は（複数回答、抜粋）、「ネットワーク技術者」が63・１％で最も多く、「システム開発技術者」47・０％、「ＩｏＴシステムを含むセキュリティ人材」32・８％、「ＩｏＴシステムを担うユーザー企業側の人材」31・９％となっている。人材育成も容易ではなく、ＩＴ人材の不足が中小企業のシステムネットワーク化のネックになっている様子が窺われる（中小製造業のＩＴ人材の採用難・育成難の状況については、**事例ｂ　横浜ＩｏＴ協同組合**、**事例ｃ　株式会社ユー・アイ・エンジ**参照）。[11]総務省「平成29年情報処理実態調査」でＩＴ担当者の人数をみると、従業員１００人以下は社内雇用者が平均２・１人、外部要員０・４人で、同１０００人以上の各45・２人、60・３人と大きな開きがある。ＩＴ担当者の絶対数が少ないため、システム開発とメンテナンスの役割を分化させることは困難である。これを補う効果が期待できるのが外部要員の活用であるが、規模別格差が更に大きい。日常のシステムメンテナンスに時間をとられシステム統合まで手が回らない中小企業も相当数あると考えられる。[12]

２点目は、ＩＴ導入における中小企業の目的意識が必ずしも高くないことである。商工中金「中小企業のＩＴ活用に関する調査」（２０１７）では、導入時の検討の甘さが費用対効果の高いシステム構築のネックとなることや、情報共有化の必要性や意義についての現場の理解の甘さを指摘する中小企業の声が紹介されている。システム統合を自社で行うにせよ外注するにせよ、企画担当者の目的意識が十分でないと実際に開発を行うＩＴ担当者や開発業者との意思疎通を損ね、システムの完成度に影響を与える。

３点目は費用の制約である。情報処理推進機構「２０１６年度中小企業における情報セキュリティ対策の実態調査」によると、中小製造業（鉱業・電気・ガス・熱供給・水道業を含む）の直近３年間でＩＴ投資を行った企業の投資額は１百万円未満が47・８%、１百万円以上５百万円未満が30・２%で、約８割の企業は３年間で５百万円未満のＩＴ投資を行うにとどまっている。

(5) ＩoＴ・ビッグデータ・ＡＩ

ＩＴの先端技術は日進月歩の勢いで発達している。代表的なものとしてＩｏＴ（モノのインターネット）、ビッグデータ、ＡＩ（人工知能）がある。既に実用化の段階に入っており、製造業にとって重要性が高まっているＩｏＴを中心に以下で概要を紹介する。ＩｏＴの活用にあたっての実務的な留意点は第２節で触れる。

①IoT

ＩｏＴ（Internet of Things）は物理的なモノ（物体）のインターネットである。物体は機械など人工物に限られず、ヒトを含む生物も該当する。その物体には状態や周辺状況を感知し、通信し、何らかの作用を施す技術が埋め込まれている、もしくは装着されている（生物の場合）状態と捉えることができる。この技術は、物体の状況を感知するセンサーの価格低下と、データの大量処理が可能となる技術（コンピュータの処理能力やクラウドの発達）の向上に支えられている。産業への適用は製造業のみならず商業、物流、医療や健康関連などサービス業、農業など幅広い分野が想定される。

データのやり取りが行われる範囲はＩＴ一般と同様、１企業内の単一部署で完結する場合、１企業内の複数部署に跨る場合、企業と個人を含む顧客や取引先との間に跨る場合、３層以上の複層的な取引階層に跨る場合など様々な場合がありえる。[13] 技術的には範囲が狭いほどデータのやり取りは容易で、広いほど処理データのビッグデータ化、異なるシステム間の調整やセキュリティ確保の面で難度が高くなるため、実施するのは難しくなる。情報通信研究機構によると、日本へのサイバー攻撃はＩｏＴ機器を狙ったものが頻度のうえで上位を占めており、ＩｏＴを構築するにあたってはセキュリティの確保は重要な課題である。

ＩｏＴの発展段階について触れておこう。米国の経営学者Ｍ・ポーターによると、接続可能なスマート製品の機能はモニタリング、制御、最適化、自動化の４つの段階を経て進化する。最初のモニタリングの段階では設備やヒトの稼働監視や工程の見える化などを行い。その次の段階では収集したデータを活用して作業プロセスの制御を行う。３つめの段階では制御を組み合わせて作業プロセスを最適化する。最終段階は全ての作業プロセスを自動化する形となる。

製造業のＩｏＴは具体的にはどのような形で活用されるのだろうか。経済産業省・厚生労働省・文部科学省「ものづくり白書」（２０１８年版）ではＩｏＴの内容として、①３Ｄシミュレータ[14]・３Ｄプリンタ[15]の活用、②熟練技能のマニュアル化、③生産現場の情報を設計開発の工程に活用、④発注に関する情報の収集・分析、⑤販売後の製品の稼働データや顧客の声を活用、⑥製品の予知保全・運用ソリューションのために活用、⑦生産プロセスの「見える化」、⑧検査状況のデータ化やトレーサビリティ管理[16]を挙げている（**図表１－５**）。暗黙知的なプロセスやノウハウの可視化、工程[17]や取引関係による垂直的な情報の分析や利用、製品や原材料のきめ細かい管理が具体的な活用イメージといえる。これを

図表１－５　ＩｏＴの活用例

具体的例示	関係部署
①3Dシミュレーター・3Dプリンタ の活用	企業内の単一部署
②熟練技能のマニュアル化	企業内の単一部署
③生産現場の情報を設計開発の工程に活用	企業内の複数部署
④発注に関する情報の収集・分析	企業内の複数部署
⑤販売後の製品の稼働データや顧客の声を活用	取引先等外部を含む
⑥製品の予知保全・運用ソリューションのために活用	取引先等外部を含む
⑦生産プロセスの「見える化」	企業内の単一部署
⑧検査状況のデータ化やトレーサビリティ管理	取引先等外部を含む

（資料）経済産業省・厚生労働省・文部科学省「2018年版ものづくり白書」を基に筆者作成

データのやり取りが行われる範囲で分類すると、①②⑦は企業内の単一部署で完結する場合で、③④は企業内の複数部署にまたがる場合、⑤⑥⑧は取引先等外部を含む場合となる。[18] 前掲の発展の4段階に即していえば、概ね第一段階のモニタリングと第二段階の制御に収斂し、最適化や自動化はカバーされていない。多くの企業にとってIoTは初期段階にあることを窺わせる。[19]

IoTの導入状況を実際のデータでみてみよう。「ものづくり白書」（2019年版）によると、製造業（サンプルの大半が中小企業であり、中小製造業のデータと考えて問題ない）の58・0％は生産プロセスにおいてなんらかのデータ収集を行っている。しかし、個別工程の機械の稼働状態について「見える化」を行いプロセス改善に取り組む企業の割合は21・8％、ラインもしくは製造工程全般の機械の稼働状態について「見える化」を行いプロセス改善に取り組む企業の割合は17・9％に過ぎない。また、ラインや製造工程に関わる人員の稼働状態も「見える化」している割合は10・7％、顧客とのやりとりやマーケティングの効率化をしている割合は3・9％にとどまる。データを収集し、見える化＝モニタリングを果たしているのは主に生産機械や製造ラインというハードウェアで、ヒトの動作や商流をモニタリング対象に拡張する動きは乏しい。このように、中小製造業のIoT導入は、最初の段階であるモニタリングが生産部門のハードウェアに対し行われるにとどまっている。そして、モニタリングで得られたデータを制御以降のプロセスに繋げる試みもそれほど行われていないといわざるをえない。

②ビッグデータ

ビッグデータは文字通り大量のデータの収集・蓄積・保存・管理・分析・共有のための技術革新である。現在はシステマティックに増大する「構造化されたデータ」が主な利用対象である。例えば特定の通販サイトにおける顧客の閲覧履歴や購入履歴を消費トレンドの分析や予測、顧客属性別の販売マーケティング等に役立てる試みが典型である。現在は同一形式のデータへの適用が中心であるが、今後は形式が整っていない多種・大規模データである「非構造化データ」にまで分析対象が拡大されることが予想される。例えば特定の通販サイトのみならず通販サイト全般、更には店頭など他の購入形態まで包含した個人の消費データを構築して分析しようとする場合などである。

本来、ビッグデータはＰＣや一企業レベルのオンプレミスのサーバを用いた通常のデータ管理システムや分析ソフトではデータの管理や分析を行うことができないような巨大なデータ量のものを指し、いわゆるＧＡＦＡなど巨大プラットフォーマーでなければ対応は難しい。このため、本来の意味でのビッグデータに中小企業が直接かかわりを持つ可能性は少なくとも現時点ではほとんどない。このような事情もあり、中小企業とビッグデータの関係について述べる際には、データ処理インフラの処理能力の問題とは切り離して、大サンプルの時系列（日次や時刻別）データなど情報量の多いデータを中小企業がどのように利用していくかが問題となる。

③ＡＩ

ＡＩ（Artificial Intelligence、人工知能）は第一次、第二次のブームを経て現在第三次ブームのさなかにあるといわれる。第一次（１９５０年代後半～１９６０年代）と第二次（１９８０年代～１９９０年代）のＡＩブームでは情報をコンピュータが推論できる形に記述し、推論をプログラム化する記号的ＡＩが注目された。しかし、情報のあいまいさ、例外、常識など定性情報、音声・画像認識などの処理が困難であったことから記号的ＡＩは実用性を獲得するに至らず、ブームは定着しなかった。第三次ブーム（２０００年代以降）では機械学習や深層学習（ディープラーニング）という手法の開発により、コンピュータが大量のデータを学習し、推論を行うことが可能となった。これらの手法を用いたソフトウェアの開発により囲碁や将棋では２０１０年代にトッププロ棋士を上回る成績を収めるに至った。ただ、機械学習においては特徴量の抽出を人間が行う必要があること、深層学習においてプログラム化できる分析対象が囲碁・将棋のようなボードゲーム等一部に限られること、学習データの質によってコンピュータの判断が適切でない可能性があること[20]、人間が推論の過程で行う「一般化」をコンピュータがまだできないこと、ビッグデータなど用いるデータをＡＩが分析できるような規格に再加工するプロセスの自動化が実現できていない[21]など、克服すべき課題は多い。ＡＩが汎用性を獲得していない現時点では、ＡＩの知性が人類の知性を上回る「シンギュラリティ」の到来を前提にＡＩの将来像を考えることは時期尚早であろう。

中小製造業のＡＩ利用は生産設備や移動設備の故障を予測して予防的な保守を実現する予知保全（詳しくは次節参照）や画像による品質検査が実用化の段階に入っており、今後は生産工程の最適化などへの展開が期待されている。[22]

ＩｏＴ、ビッグデータ、ＡＩは独立して発達するものではない。ＩｏＴを軸に相互に密接に関連しつつ発達する。ＩｏＴにより集められるモノのデータは対象物の拡大や時間の経過とともに増大する。データのオープン化が進めばデータは更に巨大化し、ビッグデータとしての分析が不可欠となる。また、ＩｏＴが機能面で高度化し最適化、自動化の段階を目指す過程では、刻一刻と変化する状況に対し人間がプログラムを書いてシステムを作動させるやり方では対応できず、ＡＩへの依存が高まると考えられる。ＡＩの予測精度を高めるためには学習データのサンプルが偏らないことが不可欠であり、学習データのビッグデータ化が不可避的に進むこととなる。

総務省他「ＡＩ・ＩｏＴの取組みに関する調査」（２０１９）によると、ＡＩは製造業、非製造業ともに中小企業で導入率が相対的に高い。[23]製造業では製造工程や研究開発で用いられることが多い。

❷ ＩｏＴの仕組みと活用

ＩｏＴの概要に関しては第１節で言及したが、その具体的な内容や導入にあたっての課題や問題点を理解するには情報が十分でない。以下ではIoTの構造を明らかにする。[24]

(1) IoTの階層構造

　IoTは通常2層ないし3層構造からなる。3層の場合は下からデバイス（センサー）、エッジ、クラウドとなり、2層の場合はエッジ抜きのデバイスとクラウドという構造である（図表1－6）。構造上、3層構造の方が大量の情報の処理に適している。

　デバイスはIoTでいうモノに相当し、内蔵されたセンサーが集めた情報はインターネットを通じてエッジやクラウドに送られ、分析される。

　エッジ（エッジコンピュータ）はデバイスに近い場所に配置されたコンピュータで、デバイスから送られた情報を分散処理することで情報処理の効率を上げることができる。エッジでは処理しきれない量の情報はクラウドで処理するが、情報を自分で処理するかクラウドに送るかはエッジの判断領域

図表1－6　IoTの階層構造

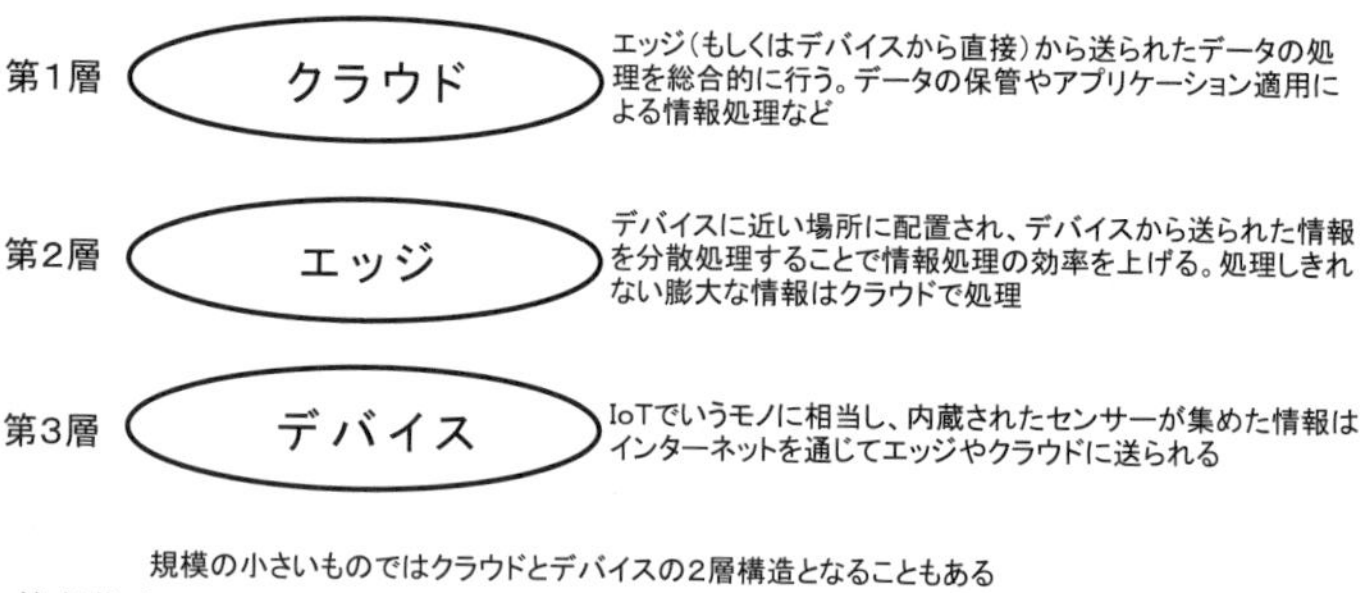
第1層
クラウド
エッジ（もしくはデバイスから直接）から送られたデータの処理を総合的に行う。データの保管やアプリケーション適用による情報処理など
第2層
エッジ
デバイスに近い場所に配置され、デバイスから送られた情報を分散処理することで情報処理の効率を上げる。処理しきれない膨大な情報はクラウドで処理
第3層
デバイス
IoTでいうモノに相当し、内蔵されたセンサーが集めた情報はインターネットを通じてエッジやクラウドに送られる

規模の小さいものではクラウドとデバイスの2層構造となることもある

筆者作成

である。エッジを配置することでデバイスの情報をすべてクラウドに上げる必要がなくなり、情報処理速度の向上と通信費用の削減が見込める。ちなみにエッジを介する3層構造の場合ではエッジコンピュータ同士の連携で情報処理を行うことも可能であり、クラウド（雲）より地面（モノ）に近いという意味でフォグ（霧）コンピューティングと称することがある。

ＩｏＴの最上層に位置するクラウドはエッジから送られたデータの処理を総合的に行うもので、データの保管やアプリケーションの適用による情報処理などを行う。データ保管や情報処理などのサービスがアマゾンなどプラットフォーマーによって提供され、利用する企業の外部で作動するもので、利用する企業はインターネットを通じてクラウドを操作する。クラウドではデータを保存するストレージのほか、データ管理ツールであるデータベース、データ処理を行うソフトウエアを利用することが可能である。料金は従量課金制で、データ使用分の料金を支払うため、業務の繁閑により月々の料金が変動する。

2層構造でデータ処理量がエッジを使う必要がない程度の小規模な場合は、中小企業ではクラウドの代わりにオンプレミスのコンピュータで代用する選択肢もありえる。ただ、オンプレミスでは、サーバの容量が定まっている点において、取扱データ量に応じて可変的な対応が取れるクラウドに比べデータ量急増時の対応が困難である。一方、クラウドでは企業の個別事情に応じたシステム対応が難しく、企業のＩＴ担当者が相応の知識を持ち合わせていないとシステムを使いこなせない恐れがある。

(2) IoTを機能させるソフトウェアの整備

このようにIoTはモノのデータをコンピュータに送り、その分析を経営に生かすものである。しかしIoTはそれだけで十分機能するものではない。繋がれたハードウェア(モノとコンピュータ)を行き来する情報の処理をバックアップするソフトウェアも整備されている必要がある。中小企業がIoTを推進するうえで2つの大きな課題がある。一つは部門間のネットワーク連携であり、もう一つはセキュリティ環境である。

ネットワーク連携においては、企業のIT化が通常、全部門一括ではなく設計、生産、販売、財務など部門毎に行われ、かつ各部門が異なるソフトウェア、異なるIT機器を用いて実行されていることが多いという問題がある。前節でも触れたようにこのことはIT全般にあてはまるが、モノの情報を有効利用しようとするIoTでは特に重要である。各部門の連携性を高めるためにはシステム統合を図る必要があるが、その際の障害になる。部門毎のIT化が同一コンセプトで構築されていれば統合への支障はそれだけ小さくなるが、そうでない場合には全部門のIT環境が同一となるよう大規模・高コスト・長期間の作業を行なわなければならない。放棄しなければならない既存システムも多くなることでスイッチングコストも大きくなる。

セキュリティ上の問題としては、生産機械のようなデバイスはパソコン等情報機器と異なり基本的にウイルス対策ソフトをインストールすることができず、個別のセキュリティ対応となるため、ＩｏＴネットワークのセキュリティ上のボトルネックになりやすいことが挙げられる。また、生産機械には耐用年数が長いものも多く、長く使用した生産機械では最新のセキュリティソフトに対応できない場合があること、生産機械に画面がないためセキュリテキィの監視をしにくいことも障害となる。

このようにセキュリティが脆弱なデバイスがインターネットを通じエッジやクラウドと繋がっているため、ＩｏＴネットワークではデバイス経由のマルウェア（不正かつ有害に動作させる意図で作成された悪意のあるソフトウェアや悪質なコードの総称）に起因するセキュリティ事故が発生しやすい。[25] 情報通信研究機構の調査によると、ＩｏＴネットワークへのサイバー攻撃は増加傾向にあり、Telnet（ＩＰネットワーク[26]において、遠隔地にあるサーバやルーター等を端末から操作する通信プロトコル、またはそのプロトコルを利用するソフトウェア）を中心として、ＩｏＴ機器に固有の脆弱性を狙う攻撃の増加が目立ってきている。

この対策として、インターネットで繋がるＩｏＴのネットワークにおいては、遠隔地にあるサーバやルーター等を端末から操作する通信プロトコル、またはそのプロトコルを利用するソフトウェアデバイスとネットワークとの通信にゲートウェイ（ネットワークにおいて、不正侵入やウイルスなどの脅威からシステムを保護するための専用機器のこと）を設置することや、通信データの暗号化、ＩＤやパスワードを使った認証、アクセス制御などの対策が有効である。パスワードは生産機械製造時に予め設定された初期パスワードとは別なものを用い、[27] かつ定期的な変更を行うといったメンテナンスが欠かせない。中小企業ではパスワードの管理が適切に行われていない場合が多いとされており、企業内のＩｏＴのセキュリティの障害となっている。納入先企業からシステムのセキュリティへの信頼を失うことにもつながり、企業間のＩｏＴシステム接続が進まない理由の一つとなっている。

(3) IoTネットワークの保全

ネットワーク連携やセキュリティ対応以外に、ＩｏＴネットワークの保全も全体の最適化や自動化を達成するための重要な課題である。ＩｏＴネットワークにおいてその構成要素、特に生産機械のようなデバイスは使用頻度が高い場合には耐用年数到来前に故障する可能性がある。デバイスが予期せぬ状況で突然故障するとネットワーク全体の円滑な稼働や稼働最適化に支障をきたす。

このような状況を避けるため、個々のデバイスは故障する前に交換することが望ましい。これを行うのが予知保全である。予知保全とは、工場内の機械や設備の不具合や故障をあらかじめ「予知」し、機械や設備を最適な状態で管理することである。これは交換のルール（一定の期間が経過したら交換する等）を予め設定するのではなく、機械や設備が故障しそうなタイミングをセンサーからの情報（使用頻度や負荷）により感知することで無駄なく交換を実現するしくみである。予知保全は開発途上の技術で、精度の高い予知保全を実現するためにはこの分野で活用が進むＡＩとの連携が不可欠となる。

❸ 中小機械・金属工業のＩＴ化の動向

(1) ＩＴ手段の活用状況

ここまで中小企業のＩＴ化の概要を述べてきたが、以下では中小機械・金属工業のＩＴ手段の活用状況と具体的な活用目的をアンケート調査のデータに即してみていく。

現在のＩＴ活用手段をみると（**図表１－７**）、89・7％の企業が「社内システム・社内ＬＡＮの活用」を選択している。以下、「スマートフォン・タブレット端末の活用」（42・2％）、「インターネットでの仕入・購買」（39・0％）、「ＥＤＩ（電子データ交換）の活用」（34・8％）、「イ

図表１－７　ＩＴ活用手段（2018年調査、現在と今後、複数回答）

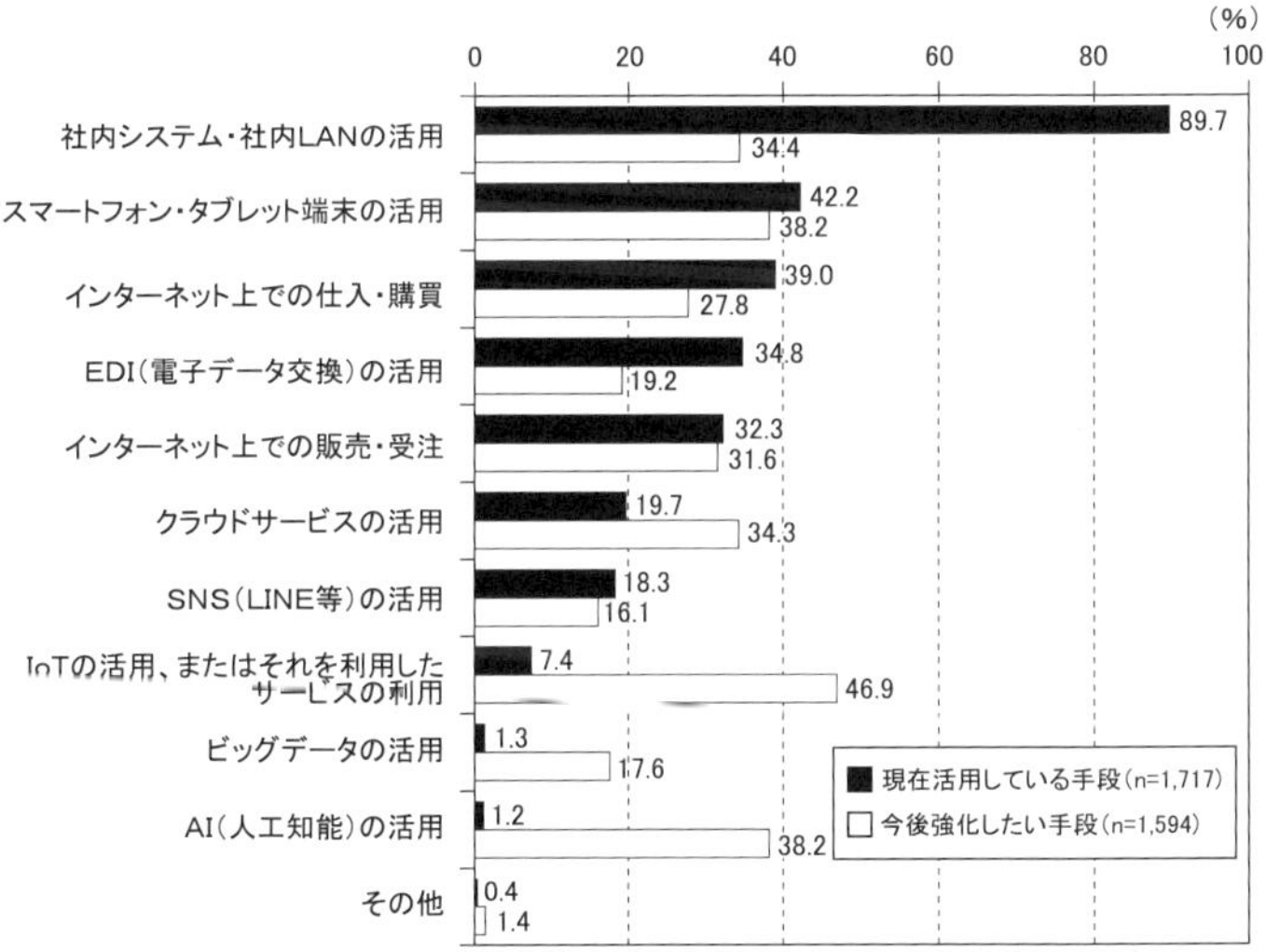

（資料）図表序－１に同じ

ンターネットでの販売・受注」（32・3％）が続いている。「クラウドサービスの活用」は19・7％、「SNS（LINE等）の活用」は18・3％で、それぞれ2割近い企業が利用している。「IoTの活用、またはそれを利用したサービスの利用」「ビッグデータの活用」「AI（人工知能）の活用」といった先端的なIT手段についてはいずれも10％に満たず、現時点では中小企業には浸透していない。

ただ、今後に関しては「IoTの活用、またはそれを利用したサービスの利用」を46・9％、「AI（人工知能）の活用」を38・2％、「ビッグデータの活用」を17・6％の企業が強化したいとしており、関心の高さが窺われる。「クラウドサービスの活用」も34・3％の企業が挙げており、現在の導入率よりも高い。

業態別に現在のIT活用手段をみると（**図表1－8**）、自社製品型企業では「スマートフォン・タブ

図表1－8　業態別IT活用手段（2018年調査、抜粋、複数回答）

（%）

	社内システム・社内LANの活用	スマートフォン・タブレット端末の活用	SNS（LINE等）の活用	インターネット上での販売・受注	インターネット上での仕入・購買	EDI（電子データ交換）の活用	クラウドサービスの活用	IoTの活用、またはそれを利用したサービスの利用	回答企業数
合計	89.7	42.2	18.3	32.3	39.0	34.8	19.7	7.4	1,717
自社製品型	92.7	52.6	23.2	29.8	34.6	19.0	23.9	7.3	289
独立受注型	88.9	42.4	17.3	31.3	37.2	31.5	17.8	8.8	387
系列受注型	89.8	39.0	17.6	34.2	41.7	42.0	20.0	7.3	957

（資料）図表序－1に同じ
（注1）シャドーは合計より5ポイント以上割合が高い、もしくは低い項目
（注2）合計は業態分類データ未回答の企業を含む
（注3）合計の回答割合が5％以上の項目を抜粋

レット端末の活用」が52・６％と相対的に高い。系列受注型企業に比べ少数の主力納入先に依存しない取引構造であること、販売先のニーズを個別にくみ取る必要性が高いことが影響していると考えられる。「インターネット上での仕入・購買」（34・６％）、「ＥＤＩ（電子データ交換）の活用」（19・０％）は低い。一方、系列受注型では「ＥＤＩ（電子データ交換）の活用」の割合が42・０％と相対的に高く、親企業との電子データの交換が多用されているものとみられる。

　国内同業他社と比較して自社

図表１－９　IT活用手段と技術水準等の自己評価（2018年調査、複数回答）

（%）

	技術水準		コスト対応力		納期への対応力		保守等アフターサービス	
	上回る	上回らない	上回る	上回らない	上回る	上回らない	上回る	上回らない
社内システム・社内LANの活用	91.5	90.9	89.4	91.9	90.0	92.4	91.5	90.7
スマートフォン・タブレット端末の活用	48.2	37.6	44.9	42.8	45.6	41.1	48.2	40.3
SNS（LINE等）の活用	20.1	18.0	19.2	19.0	20.6	17.4	21.0	17.6
インターネット上での販売・受注	34.6	28.7	35.7	30.0	34.9	28.5	37.0	27.7
インターネット上での仕入・購買	40.5	36.1	41.6	37.1	40.6	36.4	41.9	36.1
EDI（電子データ交換）の活用	36.0	38.5	34.8	38.6	37.0	37.4	36.3	38.3
クラウドサービスの活用	21.4	18.8	19.6	20.6	21.7	18.5	22.2	19.1
IoTの活用、またはそれを利用したサービスの利用	9.4	6.4	8.6	7.8	8.7	7.2	8.3	8.2
ビッグデータの活用	2.2	0.8	2.2	1.3	1.7	1.5	2.1	1.2
AI（人工知能）の活用	1.2	1.4	1.5	1.2	1.4	1.2	1.1	1.6
その他	0.4	0.5	0.9	0.2	0.6	0.3	0.7	0.3
回答企業数	763	623	454	927	710	671	614	687

（資料）図表序－１に同じ
（注１）上回るは「上回る」「やや上回る」、上回らないは「同水準」「やや下回る」「下回る」の合計
（注２）シャドーは上回る企業と上回らない企業との間で、ＩＴ活用手段の選択率に５％水準で有意な差がみられる項目

を高く評価している企業はどのようなＩＴ活用手段を選択しているかをみると（図表１－９）、技術水準で同業他社を上回ると評価（「上回る」「やや上回る」と回答）する企業は、「スマートフォン・タブレット端末の活用」「インターネット上での販売・受注」「ＩｏＴの活用、またはそれを利用したサービスの利用」「ビッグデータの活用」を選択する割合が高い。コスト対応力、納期への対応力で上回ると評価する企業は、「インターネット上での販売・受注」を、保守等アフターサービスで上回ると評価する企業は、「スマートフォン・タブレット端末の活用」「インターネット上での販売・受注」「インターネット上での仕入・購買」を選択する割合が高い。「インターネット上での販売・受注」は各項目で同業他社を上回ると評価する企業で選択する割合が高く、企業の競争力向上につながる手段であると考えられる。

(2) ＩＴの利用目的

アンケート調査ではＩＴを利用する目的及びそのなかで成果の大きいものを実務的な視点から尋ねている（図表１－10）。「社内での情報共有」が84・８％と最も割合が高い。他に50％を超える項目は、「生産工程における作業の数値化・見える化」（62・８％）、「生産性・品質の向上」（60・５％）、「社外との情報交換」（59・６％）である。成果の大きい目的も同様の順序となっている。「製品の設計開発の高度化」は28・４％で、製品のデジタル化が進むなかで割合は３割に満たない。

図表において○印を付けた10項目は、ＩｏＴの導入により実現が容易になるとみられる項目である。このうち、「生産工程における作業の数値化・見える化」（62・８％）は成果の大きい目的であるとの回答も多い（35・３％）。これは前述の通りＩｏＴ発展段階の最初のステップ（モニタリング）

図表図表１－10　ＩＴを利用する目的と成果（2018年調査、３つまで複数回答、成果の大きい目的は単数回数）

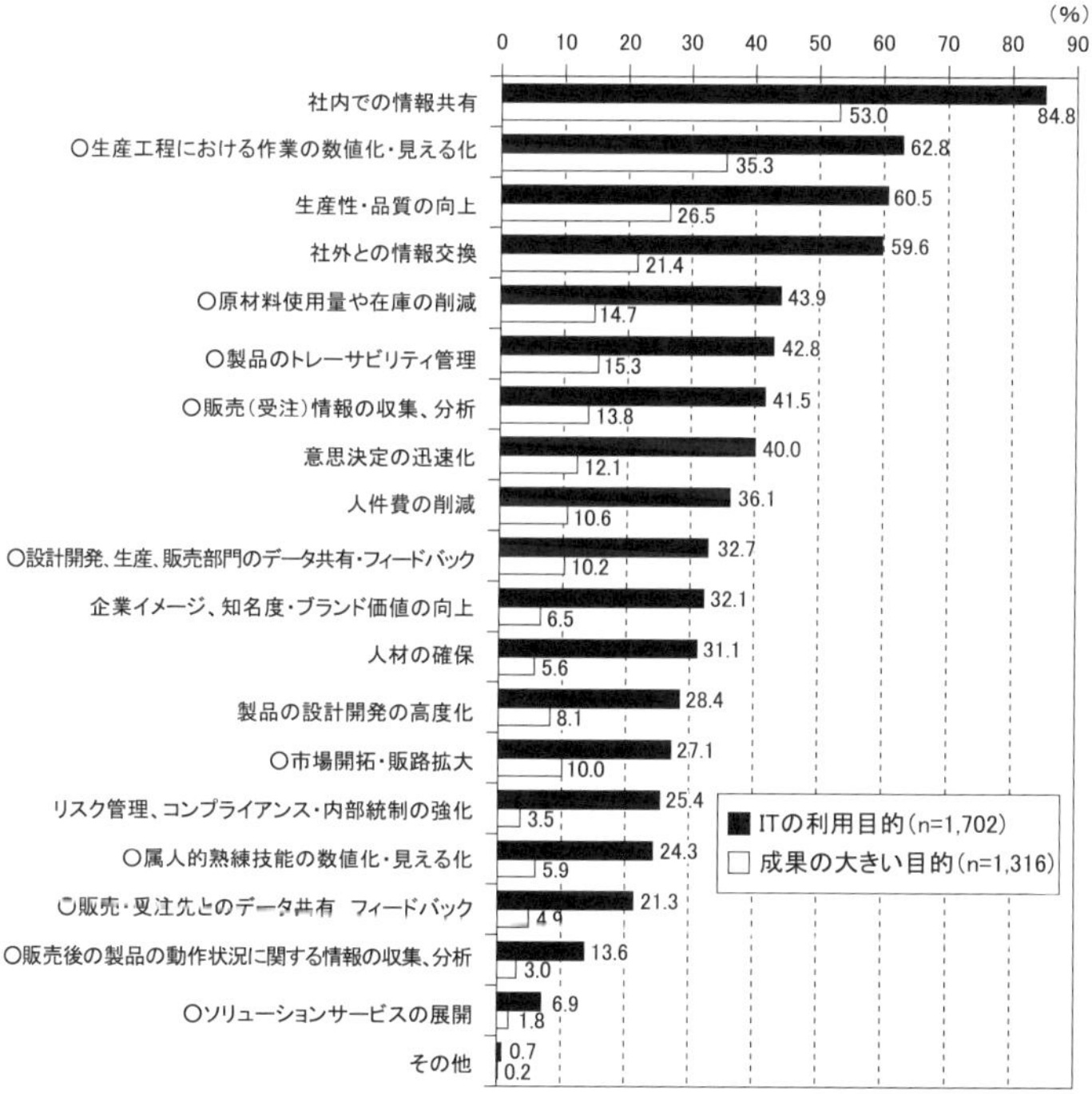

（資料）図表序－１に同じ
（注）冒頭に○印を付した項目はIoTの導入により実現が容易になるとみられるもの

にあたり、生産現場において実際に確認できるためとみられる。「原材料使用量や在庫の削減」（43・9％）、「製品のトレーサビリティ管理」（42・8％）、「販売（受注）情報の収集、分析」（41・5％）は40％程度の企業が目的として挙げている。

　IoTによる最適化の重要なステップとなるデータの共有・フィードバックについては、「設計開発、生産、販売部門のデータ共有・フィードバック」を32・7％の企業が挙げているのに対し、「販売・受注先とのデータ共有、フィードバック」は21・3％にとどまり、企業間の連携が進んでいないことを窺わせる。また、「販売後の製品の動作状況に関する情報の収集、分析」「ソリューションサービスの展開」はそれぞれ13・6％、6・9％で、販売後の自社製品の情報を分析し最適化に結び付ける動きも進ん

図表１－11　業種別IoTを利用する目的（2018年調査、抜粋、複数回答）

（％）

	生産工程における作業の数値化・見える化	属人的・熟練技能の数値化・見える化	原材料使用量や在庫の削減	製品のトレーサビリティ管理	販売後の製品の動作状況に関する情報の収集、分析	販売（受注）情報の収集、分析	設計開発、生産、販売部門のデータ共有・フィードバック	販売・受注先とのデータ共有、フィードバック	市場開拓・販路拡大	ソリューションサービスの展開	回答企業数
合計	62.8	24.3	43.9	42.8	13.6	41.5	32.7	21.3	27.1	6.9	1,702
鉄鋼・非鉄・金属製品	64.1	26.9	43.0	42.0	10.7	41.3	24.4	20.6	23.4	5.5	676
はん用・生産用機械	64.1	27.7	41.2	38.5	20.1	43.3	43.5	20.3	34.3	8.4	379
電子部品・電気機械	62.2	18.5	47.8	45.4	17.3	45.8	36.1	24.1	30.5	11.2	249
自動車部品	64.9	20.5	47.6	53.5	6.5	33.0	28.6	23.8	20.5	4.3	185
その他輸送用機械部品	64.3	21.4	48.2	48.2	14.3	35.7	46.4	19.6	19.6	7.1	56
その他	52.2	19.7	42.0	38.2	13.4	43.3	36.9	20.4	30.6	5.7	157

（資料）図表序－１に同じ
（注１）シャドーは合計より５ポイント以上割合が高い、もしくは低い項目（その他は除く）（注２）１つ以上の業種で10％以上の割合があるもの

でいない。

業種別にＩｏＴの導入で実現が容易となる10項目の割合をみると（図表１－11）、「生産工程における作業の数値化・見える化」「属人的熟練技能の数値化・見える化」「原材料使用量や在庫の削減」「販売（受注）情報の収集、分析」「販売・受注先とのデータ共有、フィードバック」「ソリューションサービスの展開」は業種毎の差が少ない。一方、「製品のトレーサビリティ管理」は擦り合わせ型の部品が多い自動車部品やその他輸送用機械部品で多く、「販売後の製品の動作状況に関する情報の収集、分析」は工作機械など完成品を含むはん用・生産用機械で多い。「市場開拓・販路拡大」も同様の事情ではん用・生産用機械で多い。「設計開発、生産、販売部門のデータ共有・フィードバック」は、はん用・生産用機械とその他輸送用機械部品で多い。

国内同業他社と比較して自社を高く評価している企業は、どのようなＩＴ目的を挙げているかをみる。技術水準で同業他社を上回る（「上回る」「やや上回る」の合計）と自己評価する企業は、そうでない企業と比べ、ＩＴの利用目的として「製品の設計開発の高度化」（各60・７％、53・３％）「生産性・品質の向上」（59・７％、48・５％）、「属人的熟練技能の数値化・見える化」（61・２％、53・４％）、「設計開発、生産、販売部門のデータ共有・フィードバック」（59・６％、53・２％）で有意に割合が高くなっている（５％水準）。

保守等アフターサービスで上回ると自己評価する企業はそうでない企業と比べ、ＩＴの利用目的として「ソリューションサービスの展開」（各61・３％、45・８％）で有意に選択する割合が高い。コスト対応力と納期への対応力で上回ると自己評価する企業で有意に差はない。

（3）ＩＴの利用度

アンケート調査ではＩＴの利用目的について20項目の選択肢を設け、該当するかどうかを選択数の制限なく尋ねている。利用目的の数が多いほどその企業のＩＴの利用度は高いといえる。カテゴリー別に利用度（利用目的数）の特徴をみていこう。

全体の平均利用目的数は7・16で、カテゴリー別には**図表１－12**の通りである。業態別にみると、自社製品型が7・76でＩＴ利用度が高い。受注形態別には目立った差異は見いだされない。業種別には、はん用・生産用機械が7・69、電子部品・電気機械が7・45と利用度が高い。従業員規模別には規模が大きいほどＩＴ利用度が高い。

図表１－12　カテゴリー別ＩＴ利用別目的数（2018年調査、最大20項目）

＜業態別＞

	平均目的数
自社製品型(n=278)	7.76 ***
独立受注型(n=392)	6.87
系列受注型(n=949)	7.25

（注）***は独立受注型に比べ1%水準で有意な差がみられる項目

＜受注形態別＞

	平均目的数
下請専門型(n=564)	7.31
下請主力型(n=118)	7.14
分散型(n=127)	6.94
自立志向型(n=521)	7.03

（注）分散型に比べ有意な差がみられる項目はない

＜業種別＞

	平均目的数
鉄鋼・非鉄・金属製品(n=676)	6.84
はん用・生産用機械(n=379)	7.69 ***
電子部品・電気機械(n=249)	7.45 **
自動車部品(n=185)	7.03
その他輸送用機械部品(n=56)	7.34
その他(n=157)	6.87

（注）***は鉄鋼・非鉄・金属製品に比べ1%水準で、**は5%水準で有意な差がみられる項目

＜従業員規模別＞

	平均目的数
小規模(n=341)	5.84
中規模(n=901)	7.39 ***
大規模(n=233)	8.30 ***

（注）***は小規模に比べ1%水準で有意な差がみられる項目

（資料）図表序－１に同じ

（４）企業規模により異なるＩＴの重要性

企業の規模が小さければ意思疎通が容易であり、大きければ逆に困難になる。従って、ＩＴを情報の共有や伝達の手段として考えるとき、規模（人数）の小さい企業では必要性はそれほど大きくなく、規模が大きくなるほど必要性が増すと考えられる。中小企業が実際にこれをどのように考えているかについてアンケート調査を基にみてみよう。調査では組織内の情報共有・伝達に関するＩＴの利用目的として「社内での情報共有」「意思決定の迅速化」について聞いている。従業員規模別にみたのが**図表１－13**である（従業員には非正規雇用者を含む）[28]。

図表１－13　従業員規模別　情報共有及び意思決定迅速化にＩＴを利用する割合（2018 年調査）

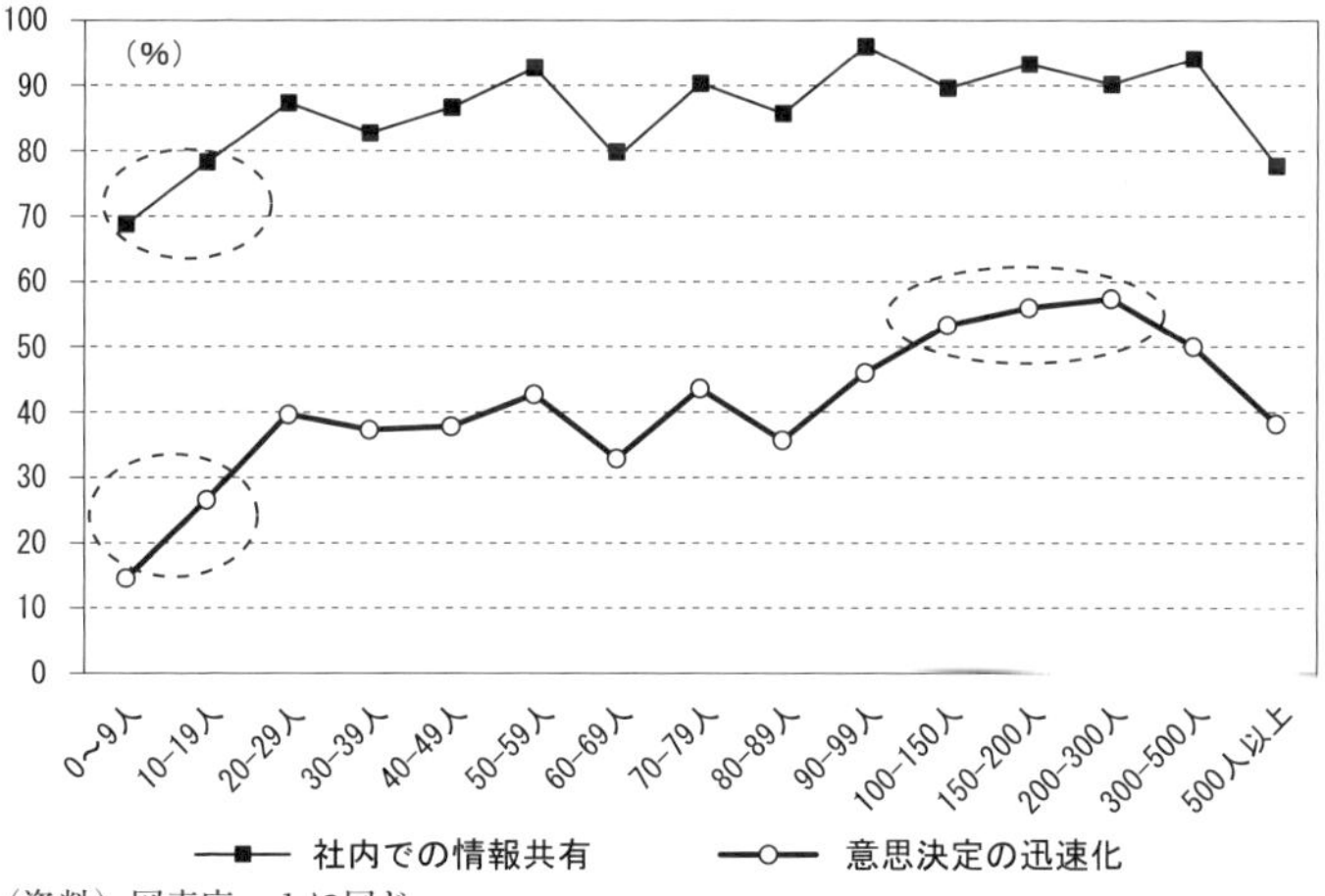

（資料）図表序－１に同じ
（注）従業員には非正規雇用者を含む

「社内での情報共有」は従業員20人未満と500人以上の企業で目的として挙がる割合が70～80%程度とやや低い一方、それ以外の企業では80～90%程度が目的としている。「意思決定の迅速化」は従業員20人未満の企業では20%前後で低く、20人から100人前後では40%前後と高まっている。更に100人規模から300人規模では50%前後と更に高く、意思決定におけるITの必要性が3段階に分かれることが見て取れる。ただし300人規模以上では割合がやや低くなっている。従業員規模が大きい企業で（特に500人規模以上）情報共有や意思決定を利用目的とする割合が低いのは、事業部制の採用等、組織の分化と権限委譲が進み、部署や組織階層を跨いだ情報の共有や伝達の必要性が必ずしも大きくないためであろう。この点、従業員100～300人規模の企業は企業の一体性がより強い一方、組織階層の上位者に集まる情報量が多くなり、IT利用の余地が広くなる。

小規模企業においても、意思決定の迅速さや情報共有が重要であることに変わりはない。しかし、担当や部署間のアナログコミュニケーション（口頭やボード使用）がITより効果的な場合も多く（**事例f　B社（第3章）**参照）、情報伝達を過度にITに依存するのはかえって非効率になることも多い。小規模企業では必ずしも高度なITの導入を追求する必要はなく、権限が集中する意思決定者に素早く情報が集まる体制と、関係部署間での計表等デジタルデータの共有できる仕組みを整えることが重要だろう。

❹ 部品・設計のデジタル化と中小製造業の競争力向上

序章でみたとおり中小製造業とその主力納入先との間で設計の主導権は徐々に主力納入先に移っており、主力納入先側の中小製造業への技術的依存度は低下している。同時に中小製造業は長期的に生産・技術機能を縮小してきた。この傾向の行き着く先は、製品の企画・設計機能が最終組立メーカーである大企業に集約され、サプライチェーン内の技術的な主導権は川上の発注企業が握り、中小製造業に対し一方的に技術的な指示を行う図式が浮かび上がる。そこでは中小製造業は単に製造工程を請け負うだけの存在となり、擦り合わせを通じて技術面で納入先側にメリットを与える存在ではなくなっていることになる。ＩＴ化を通じた機械製品の設計のデジタル化は、部品のデジタル化の動きと相俟ってこうした動きを加速させるものと考えられる。

しかし、現実には設計のデジタル化も、部品のデジタル化もその途上にあり、すべてが接続された状況ではない。このことはむしろ設計全体を見通しにくいものにしており、完成品設計者の設計プロセスは困難さを増している。このようにＩＴ化の途上では「上からの」設計主導は容易ではなく、中小製造業からのサポートの必要性が新たに生じている。以下では中小機械・金属工業の典型である下請受注型の企業を対象に、技術的側面における中小製造業とその主力納入先との関係について述べる。

(1)下請系列的生産のウエイトが高い中小機械・金属工業

初めに、中小製造業では下請系列的な生産を行う企業がどの程度あるのを示しておく。アンケート調査で2018年の下請系列的な生産を行っている企業の割合を業種別にみると、鉄鋼・非鉄・金属製品が70・6%、はん用・生産用機械が67・0%、電子部品・電気機械が70・1%、自動車部品が82・8%、その他輸送用機械部品が74・5%と、いずれの業種でも7~8割の企業が下請系列的生産を行っている[29]。

製品は業種により完成品中心から部品や加工中心まで分かれ多様である。アンケート調査では2018年時点の主要製品の形態について「完成品」「部品ユニット・モジュール(細かい部品が組み合わされて、ある機能を実現するひとまとまりの部品となったもの)」「単一部品」「一部加工」の4つに分類している。業種別にみると(**図表1-14**)、はん用・生産用機械、電子部品・電気機械、その他輸送用機械部品は「完成品」が5割を超える。特にはん用・生産用機械は70・3%と高い。一方、自動車部品と鉄鋼・非鉄・金属製品は「単一部品」が5割を超え、特に自動車部品では約3分の2を占める。また、電子部品・電気機械とその他輸送用機械部品は「部品ユニット・モジュール」を挙げる割合が高い。中小機械・金属工業においては、はん用・生産用機械以外は部品もしくはモジュールの製造が中心であることからも下請受注型の生産が主に行なわれていることが窺える。「一部加工」は各業種とも2~3割程度の企業が手掛けているが、同様な役割を担っている。これらの企業にとって主力納入先と技術的な関係がどのように構築されているかをみることは重要である。

「完成品」といっても出荷先の工場ではコンピュータや他の装置と連携して作動することが多いため、工場やラインを一個の生産システムとして考えれば、完全に独立した「完成品」というよりも生産システムの一部分と考えることが適当なことも多い。このように考えると、主力納入先との関係は部品メーカーや加工メーカーと同様、機械の完成品メーカーにとっても重要なことが多い[30]。

ここで中小機械・金属工業の下請分業構造は個々の中小企業が組立メーカーを頂点とする分業のピラミッド構造において、単一のピラミッドに属する形が典型ではないことに注意しておきたい。中小企業の多くははピラミッド構造における二次や三次、もしくは四次以上の下請企業であるが、渡辺幸男によれば、特定の

図表1－14　業種別主要製品の形態（2018年調査、複数回答）

（構成比：%）

	完成品	部品ユニット・モジュール	単一部品	一部加工	回答企業数
合計	48.4	32.8	45.4	24.9	1,913
鉄鋼・非鉄・金属製品	38.9	28.5	52.3	31.4	786
はん用・生産用機械	70.3	32.4	37.7	17.1	414
電子部品・電気機械	57.4	43.0	32.1	12.8	265
自動車部品	16.8	38.5	66.3	30.3	208
その他輸送用機械部品	56.1	47.0	40.9	28.8	66
その他	60.3	25.9	29.9	24.1	174

（資料）図表序－1に同じ
（注）シャドーは合計より10ポイント以上割合が高い項目（その他を除く）

加工に専業化しつつも、それは特定の製品分野を対象とするとは限らず、異なる製品分野のピラミッドにも部品を供給している。言い換えれば下請分業構造は組立メーカーを頂点とし、その裾野には特定の加工に専門化した企業が製品分野を越えて一体的に存在するような「山脈型社会的分業構造」が存在する。[31] 従って、中小下請企業は品質やコスト、納期等を基準に納入先から選別される存在であると同時に、競争力のある下請企業では受注量や採算、納期といった受注条件により納入先を逆に選ぶ余地も生じうる。このような分業構造の下で、中小製造業とその主力納入先との関係は固定したものはなく可変的であるといえよう。第3章で示す製品のライフサイクルによる部品需要の変動がこれを助長する。ただ、そうしたなかでも中小製造業と主力納入先に相互にメリットがあれば固定的な関係が維持されよう。

(2) 部品・設計のデジタル化と分業システムの転換

ＩＴ化の進展は製造業、特に機械・金属工業において2つの大きな変化をもたらした。一つは部品のデジタル制御が可能になったことであり、もう一つは設計が電子化・デジタル化したことである。このことは部品や製品の組み合わせの余地を広げ、製品の複雑化をもたらし、生産技術において製品全体の構造を俯瞰する能力が重要となった。しかし、部品や設計のデジタル化が途上にある段階では製品全体を俯瞰する能力の獲得は容易でなく、製品の企画・設計から生産に至る発注企業と受注企業の分業構造において、発注企業の能力的負担は増大し、受注企業のサポートの必要性が高まっている。

①生産技術における全体俯瞰の重要性

ＩＴ化のもとでの生産技術のあり方で重要なのは、デジタル化された情報を束ねて全体を俯瞰することである。日本機械工業連合会は機械工業高度化人材研究調査専門部会の２０１０年度の報告書において、生産技術を「生産プロセス全体を俯瞰し、設計・製造・調達など各生産プロセスと同期したり、相互調整したりしながら、製品の品質・納期・コスト競争力が最大となるように生産を展開するための企画・立案、開発・設計、管理・運用する技術・知識の体系」と定義づけている。更に「関連業務を支援したり、開発・設計をリードしたりと関連業務への関与が可能な技術であり、異業種・異分野へ展開が可能ともいわれる技術でもある」としている。これは生産技術が製造現場の局所的なプロセスのみで成立するものでなく、関連部署との連携が重要であることを意味する。加えて、生産プロセス全体を見渡して総合的な最適化を図る必要がある。

②分業システムの転換期と中小機械・金属工業

中小製造業とその主力納入先との生産技術面の関係を考えるにあたっては、製造業の分業構造が転換期にさしかかっていることを考慮する必要がある。港徹雄（２０１１）「日本のものづくり　競争力基盤の変遷」によると、２０１０年までの1世紀の間に世界は3度の大きな域内分業システムの転換を経験してきた（図表1－15）。

　第１の転換は20世紀初頭のフォード型大量生産システムの導入である。第２の転換は高度な技術労働力を有する専門化された企業（その大部分は中小企業）間の分業システムの導入である。これは１９７０年代以降広がったもので、企業特殊的（特定の企業内でのみで必要とされる）な熟練技能を持つ労働者がコンピュータ制御の工作機械（ＮＣ工作機械）を使って柔軟に生産活動を行う。生産設備は多くの場合企業特殊的もしくは取引特殊的（特定の取引関係のもとでのみ効果を発揮する）である。これは多品種小ロット生産に適している。このタイプの企業は現在もなお、日本の中小機械・金属工業の一つの典型といえよう。なお、ＮＣ工作機械を操作する際の電子制御化（デジタル化[32]）はなされているが、そのプログラミングにあたっては熟練技能者の存在は欠かせなかった。

　１９９０年代後半になると、ＩＴ化の進展に伴って第３の転換が現実のものとなってきた。半導体技術の向上に伴ってコンピュータの心臓部であるマイクロプロセッサ（ＭＰＵ）の処理

図表１－15　域内分業システムの３つの転換点

	時期	内容	背景
第1の転換点	20世紀初頭	フォード型大量生産システムの導入(熟練技能を排したライン生産)	自動車の大衆化と大量生産の必要性
第2の転換点	1970年代以降	高度な技術労働力を有する専門化された企業間の分業システムの導入	NC工作機械の普及により分業ネットワークが柔軟性を獲得
第3の転換点	1990年代後半以降	擦り合わせによらない完成品メーカーと部品メーカーの同時設計の実施	設計の3D化、情報化とMC(マシニングセンター)の普及

（資料）港徹雄（2011）「日本ものづくり　競争力基盤の変遷」（日本経済新聞社）より筆者作成

能力が３次元の情報処理を高速で行えるまでになった。このことで、これまでの２次元ＣＡＤを用いて２次元画面の設計図を３次元の製品に仕立て上げる形態から、３次元ＣＡＤによる３次元設計図面を用いて製品化する形態へと移行しつつある。これにより、下請中小企業と納入先との設計図面の共有が可能となり、既にデジタル化がある程度進んでいた生産工程との一体化が可能となる。更に、２次元設計図面から３次元の製品を作り出すプロセスに必要であった熟練工の存在及び、部品メーカーと完成品メーカーのすり合わせの必要性が低下し、企業間取引の流動化、雇用の流動化、分業構造の変化につながっている。こうした動きは、電気機械工業を中心に進展していたモジュール化の動きとも連動している。

設計や生産工程のデジタル化は同時に機械制御のデジタル化でもある。第２の転換点において既に機械制御のデジタル化はＮＣ工作機械などで達成されているが、ＭＰＵの小型化、価格低下、処理能力の拡大により部品へのＭＰＵの実装もごく普通のこととなっている。通信機器のようなデジタル機器のみならず、自動車や工作機械、産業機械など、現在の機械類はデジタル化された部品の集合体といっても過言ではない。

更に、完成品である複数の機械が相互に接続し、一つのシステムとして機能することも多くなっている。エネルギーや水道のプラントなどでこのような形は既に存在していたが、第２節で述べたとおり、ＩｏＴの普及により、工場内において生産機械同士、あるいは生産機械と中央管理用のコンピュータが接続されることは中小企業でも珍しくない。ＦＭＣ(Flexible Manufacturing

Cell）はその小規模なものであり、ＦＭＳ（Flexible Manufacturing System）は大規模なものである。一つの工場が一個のシステムとして機能する「スマート工場」の実現も視野に入っている。

ただ、部品やシステムのデジタル面の結合度はまちまちで、パソコンのように全体的な結合を意識した形で設計されているものも、プラントのようにそうでないものもある。機械製品の多くはその中間にあると思われるが、部品規格化の度合いが高いとされる情報・通信機器は前者に近く、擦り合わせの多い自動車は後者に近い。工作機械や各種の産業機械も個別対応の余地が多い分、後者の要素が強い。また、製品に機能を追加する場合はその都度全体との機能上の調和を図る必要があり、やはり後者の形を取ることが多いと考えられる。

ここまで分業システムの転換点について詳しくみてきたが、中小企業の場合は以下に示すように、第2から第3の転換点への移行期とみるのが適当であろう。

日本では2次元ＣＡＤの普及は１９８０年代に進み、１９９０年代には9割の機械製造業が保有するに至った。竹田・青島・延岡によると、３次元ＣＡＤの普及は１９９０年代に進み、２０００年代初頭で7割程度とされる。[33]

技術者派遣企業のメイテックが２０１６年に行った「機械系エンジニア５００人調査」の結果をみてみよう（**図表１－16**）。従業員１～１００人の製造業では2次元ＣＡＤ／ＣＡＭ（Computer Aided Manufacturing。ＣＡＤで作成した設計データを工作機械の制御プログラムに変換するための支援システム）の導入率が69・１％、３次元ＣＡＤ／ＣＡＭの導入率が45・４％となっている。同１０１～３００人では56・９％対65・５％と逆転する。同３０１人以上は３次元ＣＡＤ／ＣＡＭの導入率が７割を超える一方２次元ＣＡＤ／ＣＡＭの導入率はこれを下回り、規模が大きいほど３次元ＣＡＤ／ＣＡＭが主な設計手段となる。このことから中小企業は３次元ＣＡＤ／ＣＡＭの導入はある程度進んでいるものの、依然として２次元ＣＡＤ／ＣＡＭの利用率も高く、情報の３次元処理→設計の３次元化という設計体制が整ったとはいえない状況にある。

ＰＤＭ（Product Data Management、開発や製造など各製造部門のデータ一元管理）の導入率は従業員１～１００人の企業で２・１％、１０１～３００人の企業で８・６％に過ぎず、同１０００人超の企業でも導入率は10％台にとどまる。ＣＡＥ（Computer aided engineering、コンピュータによって支援された、製品の設計・製造や工程設計の事前検討等のエンジニアリングの作業ツール）は大企業では半分程度の導入率となっているが、従業員１～１００人規模では５・２％、１０１～３００人規模では17・２％である。生産計画・管理におけるシステム導入率は従業員３００人以下の規模で10％台、それ以上の規模でも20～30％台でそれほど一般的でない。

図表１－16　製造業の従業員規模別システム導入率

（%）

	2次元 CAD／CAM	3次元 CAD／CAM	CAE	PDM	生産計画・管理
1～100人	69.1	45.4	5.2	2.1	13.4
101～300人	56.9	65.5	17.2	8.6	17.2
301～1000人	66.7	73.9	21.7	7.2	34.8
1001～5000人	48.8	73.3	37.2	12.8	22.1
5001～9999人	37.5	75.0	50.0	12.5	25.0
1万人以上	39.6	74.1	54.7	15.1	23.0

（資料）メイテック「機械系エンジニア500人調査（2016年調査）」

このように、中小企業のデータ処理の3次元化はその途上にありかつ、社内生産データはその一元管理にも至っていないのが現状である。2次元CAD／CAMが普及していることから設計のデジタル化はある程度進展しているといえるが、社外との同時設計の可能性が現実性を帯びたとまではいえない。

設計のデジタル化や社外との同時設計が行われるためには、部品が規格化されていることも条件となる。[34] 一般に量産型の製品の方が規格化には適している。この点でPCやモバイル通信機器は自動車、工作機械、産業機械に比べ先行している。自動車も量産型の製品であるが、完成車メーカーが個別に部品メーカーと擦り合わせを行う方式が主であることから規格化は進んでいない。また、制御装置と末端の各種装置といったいくつかの完成品を接続して構成されるプラントなど装置型の製品は「一品一葉」である。末端装置における部品の規格化は難しく、モジュール化の難度は高くなる。部品にMPUが組み込みやすくなった割にモジュール化が進まない背景にはこうした事情もあるだろう。

全体としては現状が第2の転換点から第3の転換点への移行期にあると述べたが、現実には設計のデジタル化が図られていない中小企業も多く、第3の転換点への道のりは長いといわざるをえない。

③部品・設計のデジタル化の影響

設計のデジタル化は設計者に利便性をもたらす一方、弊害も出ている。３次元ＣＡＤ、ＣＡＥ、ＰＤＭなどのツールを導入することでエンジニアの業務効率や仕事の質の向上が期待できるが、メリットだけがもたらされるものではない。前掲「機械系エンジニア５００人調査」によると、３次元ＣＡＤ／ＣＡＭのデメリットとして「設計力低下」「３Ｄモデルに頼りすぎて、作ることを分かっていない」「２次元図面も簡単に作れてしまうため、若いエンジニアが図面の重要性を理解せずに仕事をこなせてしまう」といった事項が挙がっている。ＣＡＥでは「実物の現象を自分で考える能力が低くなる」「裏付けがない解析結果を信じる人が増えている」などとなっている。これまでより精緻なデータを簡単に取り扱うことができるようになったことで、自分の頭を働かせて設計を行う能力の低下や、実際に作られるモノとのフィードバックが疎かになること、デジタル画面のデータに拘りすぎて設計が机上の空論と化す可能性が指摘されている。

ＰＤＭはデータを一元管理する機能を有するが、「システム上のトラブルが起こると業務が滞るようになった」「システムトラブル時対応に時間がかかるようになった」等、一元化ゆえのシステムトラブル発生時の対応に問題が残る。生産計画・管理システムの問題としては「特殊な納期調整ができなくなった。融通がきかなくなることがある」「融通がきかないため超特急の生産がややこしい」などが挙がっている。システムが高度化したためにかえって、中小機械・金属工業が自らの得意分野として意識している納期対応等の生産活動における時間的な柔軟性（序章第

3節第1項の「自社の特色（強み）」参照）が損なわれている。

これをまとめると、以下の3点に集約される（**図表1－17**）。システム高度化の弊害の1点目は設計のデジタル化により簡単に設計図面が作れるようになったことでかえって製品の機能を損なう設計となってしまうことである。このことは製品の高度化、複雑化が進む現状において深刻な問題になりかねない。2点目はシステムトラブルの修復にコストがかかることである。3点目として柔軟な生産対応が困難になることが挙げられる。2点目と3点目はサプライチェーンの機能を柔軟に保ち全体の生産最適化を図るうえではむしろ障害となる。こうした弊害は設計のデジタル化が進んでいる大企業でより顕著となる恐れがあろう。

部品のデジタル化が総括設計の難度を高めるという点も無視できない。1つの機械を製造するにあたり、個々の部品のデジタル化の進展は、「生産技術全体の俯瞰」や「部品の集合体である機械全体の最適化の達成」に役立つものといえる。ただ、デジタル化された部品とされていない部品が混在するなかでは、全体最適化を企画する全体設計者にとって総括設計の困難の度合いが増すことになる。

図表1－17　設計のデジタル化の3つの弊害

①	設計図面が簡単に作れてしまうことでかえって製品の機能を損なった設計となる
②	システムトラブル時の修復にコストがかかる
③	柔軟な生産対応が困難になる

筆者作成

デジタル化以前においては、各部品はそれぞれの部品担当者が独立して設計し、擦り合わせを繰り返して全体を適合させた。しかし、機械の各部品がデジタル的に統合されると設計はトップダウン化され、統合された製品システム全体に影響を及ぼす。個々の部品に生じた問題はデジタルデータを基に解決しなければならない（図表1－18）。従って、部品を統合して機能させる役割を担う現在の設計者は、以前と比べ部品の詳細を熟知したうえでの全体の俯瞰を求められることとなる。一方で、日本機械工業連合会の調査によると、大規模企業ほど技術者の「全体俯瞰力・構想力の低下」が重視する課題であると認識されている[35]。

設計には全体俯瞰力と部品の詳細の熟知の両立が求められるが、擦り合わせの機会が減少していることもあり、個々の部品への理解が疎かになる恐れがある。更に、デジタル化により、設計者がデジタルデータである設計図と実物とのフィードバックの機会を持ちにくくなっていることもこれを助長している[36]。

図表１－18　部品のデジタル化と全体設計者の役割

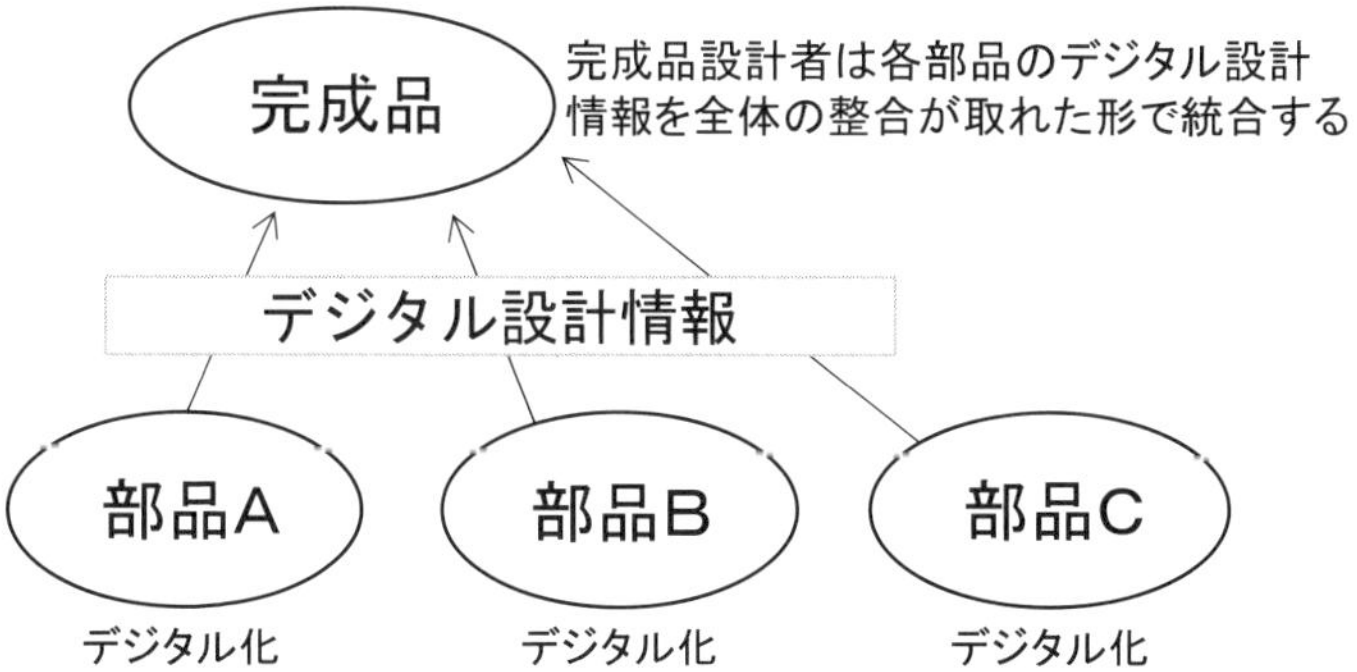

筆者作成

このように、製品のデジタル化が不完全に進むことで全体設計者（総括担当者）が設計を統括できない事態が生じやすくなる（**事例a　横浜電子**参照）。このことは多数の部品からなる自動車[37]や大型の電気機械で典型的であろう。また、多数の機械設備を組み合わせて構築されるプラントでも起こりうる。

全体設計者が設計で十分な役割を果たせない点については、設計者の育成の問題とも関係する。設計者の力量に関しては、設計のデジタル化が進んでいるなか、前述のように3Dシステムを使いこなしきれないケースが増えているとみられる。そうしたなかでは技術者の採用、育成に企業がどの程度力を注いでいるかが重要であり、全体設計者は基本的には設計と製造現場の両方で経験を積んだベテラン技術者であることが望ましい。しかし、この条件を満たすベテラン技術者はいわゆる「就職氷河期」[38]にあたる年代が含まれ、この時期に企業が一斉に採用を絞り込んだこともあり、確保・育成が難しいとされている。

各部品のデジタル化されたデータを個々に把握できるとしても、完成品の全体設計者がトップダウン型で各部品の設計について細かく指示する、言い換えれば貸与図方式（序章第2節第1項の「設計への関与状況」参照）で部品メーカーに指示を与えることは、これまで述べてきた事情から現実的に容易でない。個々の部品と全体の関係を把握できないなかで、完成品メーカーが指示を与えると全体設計のブラックボックス化が進む可能性が高くなり、指示内容が曖昧になる危険がある（**図表1－19**）。

②で述べたように現状の分業構造が第2の転換点から第3の点への移行期にあり、設計や部品のデジタル化の動きと擦り合わせによる設計が共存していることが問題を複雑にしている。デジタル化統合を進めるためには部品の規格化が欠かせないが、規格化を完成させるには時間的コストを含め相当な調整コストがかかることが予想される。このような状況では設計のブラックボックス化を早急に解決することは難しく、構造的な課題として長期化する恐れがある。

（3）業種別の中小企業の設計関与度

このような状況のもと、中小機械・金属工業の一部は全体の動きとは逆に設計関与度が高まっている。アンケート調査で業種別の設計関与度の時系列推移をみてみよう（図表1－20）。自社設計機能をそれほど持ち合わせていない鉄鋼・非鉄・金属製品と自動車部品[39]では「発注企業が設計したものをそのまま使う」の割合が上昇して

図表1－19　全体設計のブラックボックス化

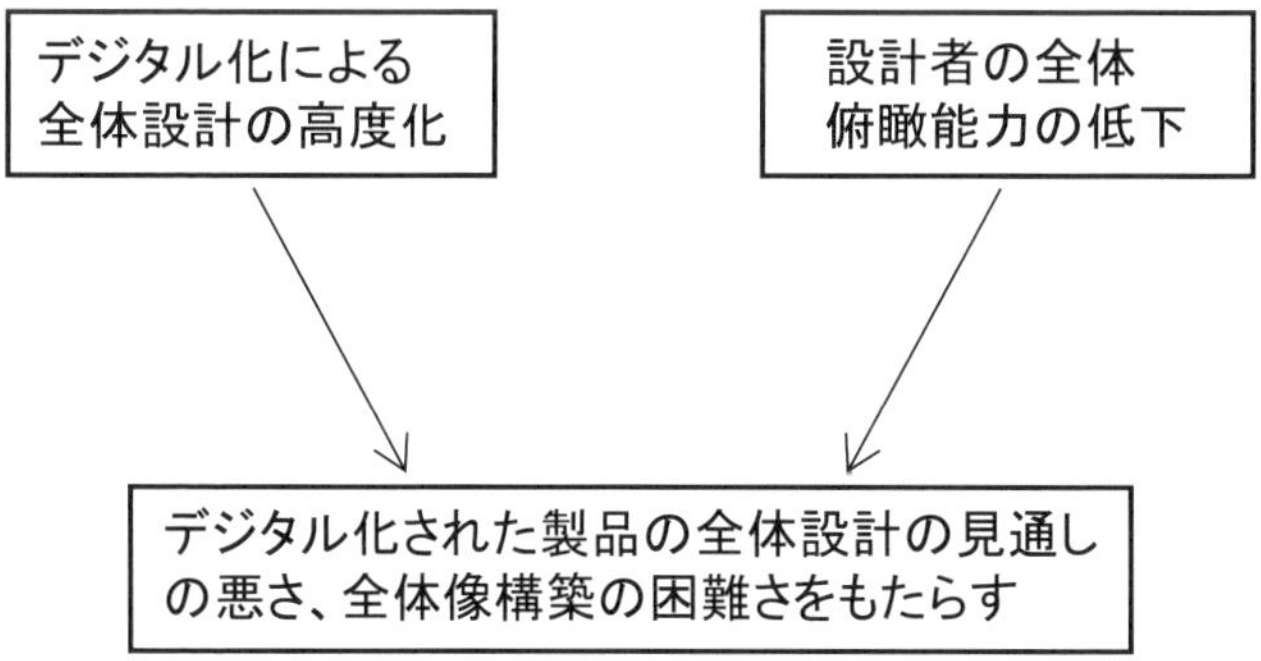

筆者作成

おり、発注企業の主導色が一層強まっている様子が窺われる。更に自動車部品では「設計の大半を当社が担当する」「当社が独自に設計する」の割合が低下し、その傾向が強い。

一方、はん用・生産用機械は「当社が独自に設計する」の割合が高い。電子部品・電気機械の設計関与度は発注企業主導型から自社主導型まで幅広く分布するが、「当社が独自に設計する」の割合が比較的高い。時系列でみてもこの2業種では「当社が独自に設計する」の割合がほぼ横ばいで推移し、発注企業主導色が強まる気配はない。

図表１－20　業種別設計関与度の推移

（%）

	調査年次	発注企業が設計したものをそのまま使う	発注企業が設計するが、当社も意見を述べる	設計の一部は当社が担当する	設計の大半を当社が担当する	当社が独自に設計する	その他	回答企業数
鉄鋼・非鉄・金属製品	2000	27.9	33.9	8.5	11.5	15.4	2.8	495
	2006	37.8	27.4	11.6	9.1	10.8	3.5	519
	2012	34.5	26.6	9.8	12.3	15.1	1.7	357
	2018	39.1	27.5	10.9	10.2	10.6	1.7	772
はん用・生産用機械	2000	17.4	14.9	7.2	21.7	38.2	0.7	697
	2006	23.1	12.5	8.3	18.7	36.8	0.7	568
	2012	25.1	11.6	7.4	21.3	34.2	0.3	672
	2018	21.7	11.2	6.1	21.9	38.0	1.2	411
電子部品・電気機械	2000	20.6	21.4	13.1	22.8	21.7	0.4	457
	2006	24.8	14.7	13.0	19.0	27.4	1.2	347
	2012	28.8	19.0	10.1	20.6	20.6	1.0	306
	2018	24.7	11.0	13.7	23.6	25.1	1.9	263
自動車部品	2000	32.2	34.1	10.5	13.2	9.7	0.4	258
	2006	45.0	31.5	10.7	4.8	6.9	1.0	289
	2012	46.3	33.1	6.6	5.8	7.0	1.2	257
	2018	46.2	35.7	5.7	7.6	4.8	0.0	210
その他輸送用機械部品	2000	25.2	18.3	10.4	24.3	20.9	0.9	115
	2006	41.4	17.9	9.3	14.3	16.4	0.7	140
	2012	38.6	13.3	12.0	14.5	19.3	2.4	83
	2018	36.5	17.5	12.7	11.1	22.2	0.0	63

（資料）図表序－１に同じ

ここからいえるのは、中小機械・金属工業の設計は、自社主導の設計を行うはん用・生産用機械、電子部品・電気機械と、主力納入先主導で設計を行う鉄鋼・非鉄・金属製品、自動車部品に分かれるということである。[40] 主力納入先の設計主導が強まっているのは機械・金属工業のすべての業種ではなく鉄鋼・非鉄・金属製品と自動車部品に限られ、はん用・生産用機械と電子部品・電気機械、及びその他輸送用機械部品では、中小企業の設計主体性が比較的強い状態が続いている。

これを製品特性に照らし合わせて考えてみよう。鉄鋼・非鉄・金属製品は素材に近い分野で、製品そのものがデジタル化される余地は小さい。自動車部品は典型的な擦り合わせ型であり、組立メーカー側からの設計指示が反映されやすい。一方、はん用・生産用機械は、図表1－14でも示されたように、もともと完成品を製造する割合が高く、独自に設計を行う必要性が強い。部品やユニット・モジュールを製造する場合も個々の機械（工作機械、産業機械等）が個別の注文に合った独自性が強く量産がききにくい場合が多いので、個別に擦り合わせを行う必要性が高いことが影響していると考えられる。

電子部品・電気機械も完成品を製造する割合が高い。また、自動車部品と並んでリプライチェーンが発達した分野といわれるが、パソコンに代表されるようにモジュール化が進んだ分野でもあることから、ユニット・モジュールの割合も4割強と高い（図表1－14）。ただ、部品を生産する企業の割合も3割程度あるなど、擦り合わせの余地も相応に残っている。また、医療用機器などははん用・生産用機械と同様個別対応色が強く、擦り合わせの余地が大きい。

（4）中小製造業による「設計への外部からの貢献」

部品・設計のデジタル化が進展しても、部品の規格化が進まなければ完成品メーカー主導のトップダウン型のデジタル設計が一般的なものになる条件は電気機械産業を含め整っているとはいえない。この傾向は一過性のものとはいえず、当面は設計全体が見通しにくい状況が続こう。国内外の大手メーカーが競争を繰り広げる自動車産業では統一的な部品規格を整えることは困難とみられる。デジタル制御部品が多くモジュール型の生産に適しているとされ、パラダイム変換の可能性を秘める電気自動車もガソリンエンジン車に代わる存在となるには相応の期間を要しよう。工作機械のような個別対応色の強い製品や、プラントのような複数の完成品を組み合わせるものでも実現は難しい。

未成熟なデジタル化のもとで設計全体の見通しをより良くしていくためには、組立メーカーがトップダウンのデジタル設計を行う体制を強化するとともに、部品製造を通じ実物の構造に精通している中小部品メーカーによる「設計への外部からの貢献」が必要となろう。これにより組立メーカーからの具体的なイメージが十分でない要望を具現化することも可能となる（**事例a　横浜電子株式会社、事例f　B社（第3章）**参照）。このような中小企業による「設計への外部からの貢献」という動きがあって初めて設計のデジタルがその効果を発揮できる。多数の部品からなる製品では一つの部品メーカーが製品全体に見通しをきかせることはできないので、製品構造上重要な部品を製造する部品メーカーそれぞれが部分的に貢献する形となる。その際には、中小部品メーカーが自社製品のデジタル構造にも精通していることが重要である。

鉄鋼・非鉄・金属製品といった素材や擦り合わせによる設計が主体の自動車部品では素材・部品の特質を十分に把握したうえで供給することが重要である。特に素材関連は今後もデジタル化の影響を受けにくいと考えられる。それでもなお、個々の部品が製品全体に与える影響を俯瞰しにくくなった完成品メーカーの設計者に対して、素材の材質や強度、耐久性といった情報を提供することは有効である。自動車部品に関しても、全体設計者が全体を俯瞰することが難しくなったことに伴い擦り合わせに要する時間コストの増大につながりかねないだけに、素材を通じた「設計への外部からの貢献」はやはり重要である。

このように考えると、全体設計への「設計への外部からの貢献」ができるかどうかは、中小製造業の今後の競争力を左右する重要な要素となる。主力納入先との関係という視点からは納期対応の重要性が高まっていることを序章で述べたが、「設計への外部からの貢献」余地の拡大は、受注型の中小製造業の貢献が納期対応だけではないことを意味する。「設計への外部からの貢献」は納入先の弱点を補うことになるとともに、競争力の向上という観点からは既往納入先を満足させ、潜在的な納入先を獲得する効果を持つので、中小製造業の大きなメリットとなる。

設計関与度が大きいほど「設計への外部からの貢献」ができる可能性が高いと考えられるが、

納入先の設計図に基づいて製造を行っている「貸与図方式」の企業でも、その技術が高ければ貢献余地があるだろう。

図表１－21は設計関与度別に主力納入先と比較した自社の技術水準への評価を表したもので、右端のＤＩが高いほど自社の技術水準を高く評価していることを示している。これによると、「当社が独自に設計する」企業が67・8と最も高いが、それ以外は60前後であり大きな差はない。また、ＤＩは設計関与度にかかわらず50を超えており、過半の企業は自社の技術水準は主力納入先を上回ると判断している。このことから、設計関与度にかかわらず「設計への外部からの貢献」が可能な中小製造業は少なくないとみられる。

「貸与図方式」を多用する発注企業では設計のデジタル化を進めるほど製品の完成イメージが

図表１－21　主要製品の設計関与度別　主力納入先との技術水準の比較（2018年調査）

（構成比：%）

	上回る①	②やや上回る	同水準③	④やや下回る	下回る⑤	主力納入先は同じ分野を有していない⑥	回答企業数	DI
発注企業が設計したものをそのまま使う	17.3	15.9	34.5	9.1	8.2	15.0	452	57.4
発注企業が設計するが、当社も意見を述べる	17.7	22.2	23.2	11.9	7.4	17.7	311	59.4
設計の一部は当社が担当する	18.1	23.9	23.9	13.8	5.8	14.5	138	60.2
設計の大半を当社が担当する	18.2	13.6	33.2	7.9	5.6	21.5	214	59.8
当社が独自に設計する	20.2	22.0	20.9	4.2	3.8	28.9	287	67.8
その他	25.9	22.2	14.8	3.7	14.8	18.5	27	62.5
合計	18.3	19.0	27.7	8.9	6.7	19.4	1,429	60.4

（資料）図表序－１に同じ
（注）ＤＩ＝（①＋②×0.75＋③×0.5＋④×0.25＋⑤×０）÷（100－⑥）×100。50超が「上回る」、
50が「同程度」、50未満が「下回る」を示す

描きにくいという弊害は大きくなると考えられる。こうした状況では、技術水準の高い中小製造業は設計図に基づき製造を行うにとどまらず、設計プロセスに関与する役割を担う必要があろう。直接設計に参画しないとしても、設計に際しての着眼点や問題点を示すことにより、主力納入先を満足させることや、潜在納入先を獲得することにもつながり、競争力の向上を図ることができよう。

事例a　横浜電子株式会社

所在地	神奈川県横浜市	設立	1980年（創業1970年）
資本金	1000万円	従業員	10名
事業内容	制御関連機器製造		

1. 沿革

1970年に通信機器向け基板実装を手掛ける二次下請企業として創業。1970年代前半から主力を新聞社で用いる輪転機や印刷機械の制御盤の組立・配線業務に移し、1990年代前半まで続いた。その後警備保障会社の防犯装置のマグネットスイッチの製造を行うようになったが、マグネットスイッチの調達先がコスト削減のため当社から中国に移ったため、ビル監視システムの制御盤製造に業務を展開した。2005年以降はこの制御盤の製造技術をコアとして、検査機器、測定機器、製造設備、セキュリティ機器など多方面に展開している。

2. 事業内容

豊富な受注実績を有するFA電気制御機器の部品、プリント基板、ビル管理等システム設備関連機器向け部品の製造が主な収入源である。制御機器部品では当社は設計と組立、配線、検査を担当し、部品の製造は外部の協力会社に委託している。配線関係はハーネス（電線と接続端子の集合体）の製造を外部発注し、組立を行っている。プリント基盤製造に関しては、当社は生基板（電子部品が取り付けられていない状態のプリント配線板）の製作と、実装（外注した電子部品をはんだ付けしてプリント回路板にする工程）を行っている。

なお、取扱製品は一品一様の性格が強いため、当社独自で設計を行う。設計にあたっては発注者の要望を汲み取り、設計内容に的確に反映させる必要がある。

３．制御技術を基にした新製品への展開

１９９０年代以降、中国への生産移転の流れもあって大口納入先からの受注環境が安定しなくなった。このため、当社でこれまで培った制御盤製造や実装・配線の技術や、警備保障会社向けのセキュリティ機器の生産ノウハウを生かした独自の製品開発に注力してきた。具体的には、①車輌突破防止装置（ライジングボラード）、②スタジオ・車載等の業務用放送機器、製造機器向け電源ボックス、③研究所向け熱伝導率測定装置、④験潮所向け完全防水システムラック筐体《きょうたい》を生産している。

このうち①のライジングボラードはセンサーで感知した許可車両のみを通行可とするもので、装置の作動には制御盤の技術が生かされている。ＯＮＩ（オニ）のブランド名を持つ。これは大手自動車メーカーで完成品在庫の盗難防止用として用いていたフランス製装置のメンテナンスに支障が生じたため、自動車メーカーの要望により当社が開発を行ったもので、実際に同社の工場で使用されている。ライジングボラードは違法駐車防止にも有効と考えられるが、法令上構造物扱いであること、金属製であること、センサーと制御装置で昇降を行うことから、道路での設置には不向きである。このため当社は簡易バージョンとしてソフトライジングボードを実用新案登録している。これは樹脂製であること、ロック式で簡単に昇降を行うことができるという特長を持つ。なお、ライジングボラードに関して、当社は２０１９年よりイタリアの大手メーカーであるＦＡＡＣ社の国内総代理店となっている。

②の電源ボックスはスタジオや自動車搭載用の音響・映像機器や、各種の中央監視システム、遠隔監視システム用のブレーカーボックス（分電盤）である。標準仕様２種類に加えて、個別注文にも対応する態勢を整えており、設置時の作業性の高さが評価されている。

④の完全防水システムラック筐体は国土地理院の験潮場（潮位の測定を行うため設置されたもの）向けである。２０１１年の東日本大震災後、験潮装置を津波から守る高度な防水処置の必要性が高まったことから当社が開発を請け負ったものである。現在全国25ヵ所の験潮場のうち13ヵ所で当社の製品が用いられている。

これらの製品は使用目的が特殊であるため、単発的に多額の売上を計上する場合がある一方、必ずしも売上は安定しておらず、中核事業となるには至っていない。しかし、これらの製品を手掛けることでノウハウが蓄積され、開発実績が評価されての新たな製品開発の打診につながるといったメリットがあり、当社の競争力の向上に寄与している。

４．制御技術を核とした当社の今後の方向性

当社はこれまで培ってきたプリント基板や制御関連の技術を生かして「システムインテグレーター」として顧客のニーズに応えることを目指している。制御機器をはじめ、計測機器や、印刷機等メカトロニクス製品はその部品に至るまで高度にデジタル化されており、各部品と全体とがシステム的に整合性が取れていなければならない。このような状況で製品の全体構造を見渡し、同時に個々の部品の状況を考慮しつつトップダウンで全体設計を作り上げることは以前より困難になっている。これは完成品メーカー、或いはモジュールの組立メーカーが細部を把握できないまま全体設計に臨むことを意味する。部品メーカーとしての当社の感触では、細部への指示が不明確であるなど、発注企業からの指示における具体性が薄れているように思える。この背景としては上記事情のほか、発注企業側の設計担当者の育成・確保が十分でないということも影響していると考えている。

そこで当社は、発注者が明示しにくくなった指示の具体性を話し合いのなかで明示する手助けを行い、これを細部のシステム設計に落とし込むとともに、全体設計のシステム的な整合性を確保できるよう、製品構造のボトムからシステム統合に参画している。中小企業は今後、こうした「下からの」製品システム統合により活路を求めることができるのではないかと考えている。ＩＴを駆使し高い設計力を持つ企業は発注企業への技術者派遣が有望な分野になるのではないかと考えている。

5.企業同士の協力を通じたＩｏＴの推進

当社は制御機器関連技術を得意とする企業なので、ＩｏＴへの関心は高い。当社を含む横浜市の中小製造業とＩＴ企業で行っていた勉強会を母体として、２０１９年１月に横浜ＩｏＴ協同組合を設立した。当社社長が理事長を務め、中心的な役割を担っている。活動期間はまだ短いが複数の組合員による共同受注など実績を積み重ねつつある（ＩｏＴの実情と将来性に関しては横浜ＩｏＴ協同組合へのヒアリングに記載した）。

事例b　横浜ＩｏＴ協同組合

所在地	神奈川県横浜市	設立	2019年
組合員	8社	事業内容	共同受注、情報提供など

1．設立の経緯と活動

横浜市内の中小製造業とＩＴ企業の勉強会として発足した「横浜ＩｏＴ協議会」を母体に、メンバー企業同士の連携を具体的な活動に結び付ける場として本組合は設立された。連携の成果として複数の組合員による共同受注のほか、ＩｏＴの導入支援や技術提供を組合として行っている。本組合の活動は経済産業省や総務省からも注目を集めており、今後官公庁等主宰の各種セミナーへの講師派遣により、企業等への啓蒙活動を行うことを計画している。

2．中小製造業のＩｏＴに対する認識

ＩｏＴは用語としての認知度は高く、将来的な導入についての関心は強いものの、その内容を理解して活用している企業は限られる。このことは、ＩｏＴについて中小製造業に典型的にみられる反応が「活用方法がわからない」「導入コストが高すぎる」「そもそも中小企業にＩｏＴは必要ない」「どのようなメリットがあるのかわからない」といったものであることからも理解できよう。

3．中小製造業がＩｏＴでできること

企業内で完結するＩｏＴに関しては、経済産業省・厚生労働省・文部科学省「２０１８年版ものづくり白書」においてはＩｏＴの具体的な内容として、①３Ｄシミュレーター・３Ｄプリンタの活用、②熟練技能のマニュアル化等、③生産現場の情報を設計開発の工程に活用、④発注に関する情報の収集・分析、⑤販売後の製品の稼働データや顧客の声を活用、⑥製品の予知保全・運用ソリューションのために活用、⑦生産プロセスの「見える化」、⑧検査状況のデータ化やトレーサビリティ管理を挙げている。

中小企業でも基本的には④以外は活用が可能である。②の熟練技能のマニュアル化は動画撮影を分析することから始めるとよいだろう。④の発注に関する情報の収集・分析は、現時点では比較的定形化されたデータでＡＩを使った分析が可能であるにとどまり、高度なＡＩの開発が待たれる。

企業間でのＩｏＴで可能なことは製品歩留まり情報やコスト情報の把握であろう。これらの情報を納入先と共有することにより、相手先が自社の採算事情を知らないままに採算性の低い取引条件を求めてくることを回避できる。

4．ＩｏＴのシステム対応

ＩｏＴでは設計・生産・販売・財務（経理）など複数部署が連携して情報処理にあたることが

多くなる。これを有効に機能させるためには部署間のシステム連携が欠かせない。一方で情報化を進めている中小企業では部署毎にシステムを開発していることが多い。このためＩｏＴを推進しようとする企業ではネットワークの再構築を行う必要がある。ＩｏＴ活用に必要なネットワーク基盤、ソフトウェア、クラウド、デバイス管理等を組み合わせた統合システムサービスであるＩｏＴプラットフォームを利用することが望ましいが、費用が高額になること、既存のシステム開発コストが埋没費用となることもあり、実施のハードルは低くない。大手プラットフォーム企業の製品のほか、製造業が自主開発したシステムの中小企業向けパッケージなども出てきており、中小企業の使い勝手は良いようだ。こうした統合パッケージシステムが増え、商品間の競争が激しくなることで良質かつ安価なシステムが普及することに期待したい。

なお、ＩｏＴのシステムが複雑化するほど、通信速度が低下し通信コスト負担が大きくなる。このことが費用対効果の観点から中小企業のＩｏＴ普及のネックとなっていることは否めない。この点で５Ｇ（第５世代移動通信システム）の普及は通信時間の大幅な短縮をもたらし、コスト低減効果も見込めるので、ＩｏＴ推進の起爆剤となることが期待できる。

5．人材開発について

ＩＴ人材の不足が続く状況にあり、中小企業が即戦力のＩＴ人材を新規に雇用することは困難と言わざるを得ない。従って、資質のある未経験者をＩＴ要員として育成するという遠回りにみえる手段を取るのもやむをえないのではないか。[41] ＩｏＴに携わる立場からみて、入社前のＩＴ知識の多寡や学校での専門教育とＩＴ技術者としての能力とは関連性はそれほど高くないと感じている。

事例Ｃ　株式会社ユー・アイ・エンジ

所在地　愛知県名古屋市　設立　２００３年
資本金　１０００万円　従業員　38名
事業内容　プラント自動制御に関する電気計装のエンジニアリング

1．沿革

社長は横河電機関連会社の元幹部社員。同社がリストラを行い、工場を関東と中国に集約すべく三重県の工場を閉鎖した際、東海地区の既往顧客へのサービスを継続させるため退社して独立した。以来現在に至るまで横河電機関連の計装盤、制御盤の設計・製作を数多く請け負っている。設立当初は計装盤、制御盤の設計や検査が中心であったが、昨今は、動力盤からユニット品、ＰＬＣ[42]ソフト設計等をするまでに至っている。２００５年には自社工場を開設して製造分野を強化したほか、横河電機との緊密な連携を図るべく東京に事務所を開設した。

2．事業概要

電気計装とは電気計測器を装備することであり、当社は動力盤や制御盤の製造をはじめ、プラントのなかで自動制御装置が正しく作動するためのソフトウェア開発、設置工事、検査などを総合的に手掛ける。取り扱う産業は上下水道、電力といった公共性の高い設備から石油、化学、鉄鋼、紙パルプなど素材メーカーのプラントまで多岐に及ぶ。企業からの受注はほとんどが大企業からのものである。プラントのリプレース[43]に関する案件が多いが、海外では新規の石油自動化プラントの開発に携わることもある。横河電機が受注した案件に対し、同社に設計者を派遣したうえ、共同で作業を実施することが多いが、東海3県（愛知、岐阜、三重）に関しては単品の電気・機械設備で完結するものに限り自社で直接受注するほか、プラントでも一部自社で直接請け負う案件もある。

3. アウトソーシング会社としての強み

① ソリューションの提供

アウトソーシング会社として今まで培ってきた、豊富な知識と経験を生かしてお客様に最高のソリューションを提示し、高品質、低価格、適正納期で電気・計装・制御盤及び電気・計装工事を全産業分野に提供してきた。

また、次世代を見据えて産業・社会分野の明日を切り拓くべく、更に前進と努力を続け今以上に重宝がられる専門性の強い会社を目指している。

②人材の確保

当社の競争力の源泉となっているのは、知識と経験を持った熟練技能者の存在にある。この点において、熟練技能者を確保し後進を育成することは容易ではなく、当社では熟練技能者の高齢化が大きな課題となっている。

人材育成には設計、現場、図面と電気・機械設備のマッチング（検査業務に必要）の３部門の経験を積ませることが必須であると考える。そしてこの３部門をひととおり経験するには相応の年数を要するので育成には時間がかかる。加えて激務であること、海外での仕事が多いことから、エンジニアを希望する若年者が多いとはいえない。

当社では、派遣社員のなかからエンジニアに関する素養と適性を持った人材を引き上げることや、首都圏や近畿圏からの技術者のＵターン組を採用することで人材の補充を図ってきたが、近年では特に前者の方法ではうまくいかないことが多い。[44] もっとも、エンジニアリング業務はＩＴと関連の強いことは少しずつ知られてきているので、新卒や中途での若手の採用募集において、プログラムの知識がある人材の応募が出てきていることは当社にとってプラス材料であると考えている。

1　ただし、プラットフォーム業者へ支払うコストは高くなる。
2　信金中央金庫（２０１６）「第１６４回全国中小企業景気動向調査巻末　特別調査　中小企業における事業上の情報収集・発信について」。なお、インターネットの利用形態には企業内ネットワークであるイントラネットも含まれる。

3　従業員規模10〜19人の企業でも79・6%が電子メールを利用している。
4　統一した方針のもとで複数の端末を一元管理するツールのこと。紛失・盗難時の情報漏洩対策、不正利用の防止、端末情報の収集と共通化した管理方針の適用などが主な機能である。
5　ソフトウェアのみならず、ハードウェアやインフラまで提供するIaaSといわれるクラウドはカスタマイズ性が高い。
6　ドイツのSAP社や米ORACLE社製のものが代表的である。初期費用は会計など特定目的のパッケージソフトより高価である。
7　ある商品やブランドを別のものに切り替えることに伴って発生する費用。金銭的費用のみならず切り替えたものの使い方に習熟するのに要する時間や心理的負担も含まれる。中小企業の場合、IT要員が少ないことが多く、個々の作業者が十分なフォローを受けることができず試行錯誤を繰り返すこともスイッチングコストを増大させる。
8　初期費用の安さが評価される一方、認知度の低さや自社の情報管理を外部業者に委ねることへのセキュリティ上の不安が導入の制約となっている。
9　この場合でもエクセル等を利用した集計など、最低限のデータのデジタル化は必要である。
10　令和元年版情報通信白書によると、企業の情報システム構築、運用の外部委託化は1980年代末から1990年代にかけて進展した。
11　従業員300人以上の企業と比較すると「ネットワーク技術者」のみ同100〜299人の企業の方が割合が高く、中小企業の方がネットワーク化への困難を感じているようである。
12　大手コンピューターメーカーDELLが2019年に行った調査によると、従業員100人以上1000人未満の企業において、IT専任担当者1名のいわゆる「ひとり情シス」と同0名の割合がいずれも18・8%を占めた。また、IT専任担当者の所属部門がIT関係でない「兼任型」が56・6%、従業員100人以上200人未満の企業に限れば69・4%にのぼる。

13　ドイツ発のＩｏＴ構想であるインダストリー４・０では企業の枠を超えた一国全体の「オープンな」システム化を目標としており、企業間ネットワークや企業内ネットワークは「クローズド」なシステムとして位置づけられている。ただ、現時点では「オープン」なシステムの実現を論じる段階にはなく、「クローズド」なシステムの浸透度合いが問題となる。

14　ＰＣ上で３次元の物体位置のシミュレーションを行う機能。住宅や事業所における家具や設備の配置をシミュレートする場合が典型的である。

15　３次元データを用いて立体を造形する機器。素材は主に樹脂が使われる。デザインや機能を検討するための試作品の製作などに用いられる。メリットとして複雑な形状を成型することができること、操作が容易であることが挙げられる。

16　製品の原料から消費されるまでの工程を記録し、流通後もその工程をトレースできるようにすること、流通後の製品に問題が発生した場合に工程を追跡して原因を突き止める「バックトレース」と製品のリコールの際に販売先を追跡する場合などの「フォワードトレース」の２種類がある。工程の情報やバーコードや電子タグを取り付けて管理する。

17　生産設備にセンサーを取り付け、測定データを蓄積・分析して故障の予知や使用原料等消費の効率化を図る。

18　２００１年からコマツが導入している、自社の建設機械の情報を遠隔で確認するためのシステムであるＫＯＭＴＲＡＸはＩｏＴの先駆けといえる。車両システムには、ＧＰＳ、通信システムが装備され、車両内ネットワークから集められた情報やＧＰＳにより取得された位置情報が蓄積される。コマツの事業所は自社の建設機械の動作や故障の状況がリアルタイムで把握できる。顧客はコマツのサポートセンターからの遠隔操作や操作指示を受けながら円滑に作業を進めることが可能になる。

19　第三、第四段階は自動車の自動運転や、工場の完全自動操業（材料調達から生産管理、在庫管理までを最適化した形で自動化する）などが当てはまる。

20　「教師あり学習」において訓練データに適応しすぎて、現実に予測を行う際に未知のデータに対応したとき

21 不適切な解答を出してしまう「過学習」の問題がある。
22 現在このプロセスは専ら人手に依存している。
23 非製造業ではコールセンターにおける音声認識サポート、検索エンジンの最適化、クレジットカードの不正使用検知などが実用化されている（久留米大学ホームページ）。これらの事例から、大企業での利用が中心とみられる。
24 産業別には運輸や不動産での利用が多い。物品データや顧客データの管理に使われているとみられる。
25 本節作成にあたっては、横浜ＩｏＴ協同組合ホームページ（https://yokohama-iot.org）のＩｏＴ解説記事等を参考にした。
26 ＩｏＴのセキュリティ確保の詳細についてはＩｏＴ推進コンソーシアム、総務省、経済産業省（２０１６）「ＩｏＴ　セキュリティガイドライン」参照。
27 インターネットプロトコルという通信規約に則りデータの送受信を行うもの。
28 初期パスワードをそのまま使っているとマルウェアにパスワードを察知されて攻撃を受けやすくなるとされる。
29 間接部門では非正規雇用者もＰＣ等を用いて作業を行うことが一般的であるため、両者を合算した。
30 その他は56・０％。
31 金属工業における完成品としては工具、ねじ類ではん用性の高いものなどが考えられる。これらは他の装置との連携性は乏しいだろう。
32 渡辺幸男（１９９７）「日本機械工業の社会的分業構造」（有斐閣）。
33 デジタル化はコンピュータの利用によりアナログデータをデジタルデータに数値化するものである。コンピュータが電子データを用いて情報を処理するので、デジタル化を電子化という意味で捉えることもある。
34 竹田陽子、青島矢一、延岡健太郎（２００６）「3次元ＣＡＤの普及と製品開発プロセスに及ぼす影響」（技術マネジメント研究　5（1）、25－41）

34　そうでないと完成品のモデルチェンジの度に仕様を検討し直さなければならない。

35　日本機械工業連合会（２０１０）「機械工業高度化に必要とされる技術系人材像に関する調査研究」－機械工業高度化人材研究調査専門部会報告書（Ⅱ）－

36　３次元プリンタやＡＩを利用したシミュレーターはデジタルデータと実物との乖離を補正することが期待できるが、あくまで近似的な補正値を提供するものであり、理論値と実測値との違いを補正する作業を完全に代替するものではない。

37　トヨタ自動車は自社のＨＰで自動車の部品数を約３万点としている。

38　１９９０年代半ばから２０００年代前半に就職した世代を指し、30代後半から40代に相当する。

39　序章第１節第２項「生産技術機能の保有状況」参照

40　電子部品・電気機械とその他輸送用機械部品は両者の中間にあたる。

41　同組合理事長がソフトウェア開発業者から聞いた話では、家電量販店でＩＴ機器の商品内容をわかりやすく説明できる販売員はＳＥとしての資質が高い人が多いので、スカウティングの材料にすることがあるとのことである。

42　Programmable Logic Controllerの略。あらかじめ定められた順序又は手続きに従って制御の各段階を逐次進めていくシーケンス制御により機械を作動させる装置を指す。

43　老朽化もしくは破損したハードウェアやソフトウェアなどを新しいものや同等の機能を持った別のものに置き換えること。部品やソフトウェアの入れ替えは一部の場合も全面的入れ替えの場合もある。

44　人手不足が続き、適性のある人材が派遣社員に登録しなくなったためである。

第２章

国際化による競争力向上

１９９０年代初頭から国内経済の低成長トレンドが定着し、少子高齢化に伴って人口が減少に向かうなか、この傾向に変化の兆しはない。このような状況のもとで、中小製造業にとって国際化は１９９０年代以降一貫して重要な経営テーマであった。国際化の手段には、輸出、海外企業との業務提携（生産委託等）、現地法人の設立による海外生産があるが、[1] 中小企業にとって重要なのは輸出と海外生産で、[2] 国際化の深化につれ特に海外生産が重要となる。

本章では中小製造業の国際化による競争力向上の動きについて、輸出と海外生産を採り上げる。海外生産の動向を時系列的にみると、目的がコスト低減から現地での製品供給へと変化し、部品調達と製品出荷における現地志向が高まるという特徴がみられる。近年では海外生産拠点拡大の動きが頭打ちになっており、その背景及び今後の中小製造業の競争力と国際化のあり方を考える。

❶ 輸出

（1）中小製造業にとっての輸出

輸出は中小製造業にとって、国際化の初期段階から実施可能な手段である。競争力の定義（補章第1節第1項参照）に即していえば、海外に現地法人を設立し生産、販売等の活動を行うことなく海外の潜在的な顧客の誘引を行い、売上高を増やすことができる。輸出取引が単発でなく経常的に行われれば、現地の既存の顧客に対し現地調達ではえられない品質を提供することで満足を与えることができる。

中小企業庁「2019年版中小企業白書」では、中小企業の国際化は、間接輸出→直接輸出→直接投資（海外現地法人の設立）へと、実施コストの低いものから高いものへと段階を辿っていくとしている。間接輸出から直接輸出への移行は、自国の輸出代行業者（商社等）経由→海外代理店や仲介業者経由→自社や販売子会社による販売という3つの段階を経るとされる。[3]

ここで直接輸出と間接輸出の違いについて説明する。直接輸出は自社もしくは販売子会社で輸出手続きを行う場合にあたり、海外の代理店や仲介業者を経由する場合も含まれる。[4] 間接輸出は商社等を経由して輸出を行うもので、一旦商社が製品を買い取ったうえで商社自らが手続きを行って輸出先に販売するものである。

企業にとって、直接輸出と間接輸出のどちらを選択するかは負担する取引コストの違い[5]に集約される。輸出の取引コストには、①輸出手続きを行う場合にかかる人件費や人材育成コスト、輸出先の開拓や価格・納期等に関する交渉に要するコスト、②輸出に関する交渉や手続きを委ねる場合にかかる手数料や商社経由の際に販売価格に上乗せされるマージン（商社にとって手数料に相当。これを輸出先に転嫁させないようにするには中小製造業がコストを吸収しなければならない）といった明示的なコストに加え、③情報の非対称性から生じる契約不履行リスク（輸出先及び代理店等）やカントリーリスクといった偶発的なコストが挙げられる。

直接輸出にかかるコストは①の直接的コストと③の偶発的コストである。間接輸出は②の手数料コストを支払うことで①と③のコスト負担を回避できる（商社にも契約不履行リスクはあるが国内商社であれば情報の非対称性は小さく、リスクは低いと考えてよい）。輸出企業はこの両者を比較して直接輸出・間接輸出のどちらを取るかを選択する。なお、輸出企業は②を負担することで商社等の専門性を利用して自社では接触を図ることができない幅広い相手を対象に輸出をすることが可能となる。

また、国内で他社に納入された自社製造の部品が他社製品に組み込まれて輸出される場合は、中小企業が輸出を意図したものではないにせよ、部品を海外に輸出するのと同じ経済的効果を持ち、広い意味で輸出とみなせる[6]。なお、この場合、輸出相手との価格交渉や輸出手続き、信用管理といった事務コストの負担はかからない。

中小製造業の主な輸出相手は、国内企業の海外現地法人、海外地場企業、自社の海外現地法人が中心である。日本政策金融公庫（２０１３）「中小企業の輸出動向に関する調査結果」によると、中小製造業の直接及び間接輸出の相手先は金額ベースで、「輸出相手国の地場企業」が40・1％と最も多く、次いで「輸出相手国にある日系企業」が28・3％、「自社の海外拠点」が20・3％となっている。自社の海外拠点と日系企業はもとより、近年では地場企業が主要な輸出先となっていることがわかる。一方、「輸出相手国にある第三国企業」は2・7％に過ぎず、海外企業の現地法人への輸出はそれほど行われていない。

(2) 中小機械金属工業の輸出の実状

中小製造業がどのように輸出を行っているかをアンケート調査の結果からみてみよう。中小機械・金属工業の輸出の有無に関しては（図表２－１）、輸出を実施して

図表２－１　輸出の有無及び形態（M.A.）

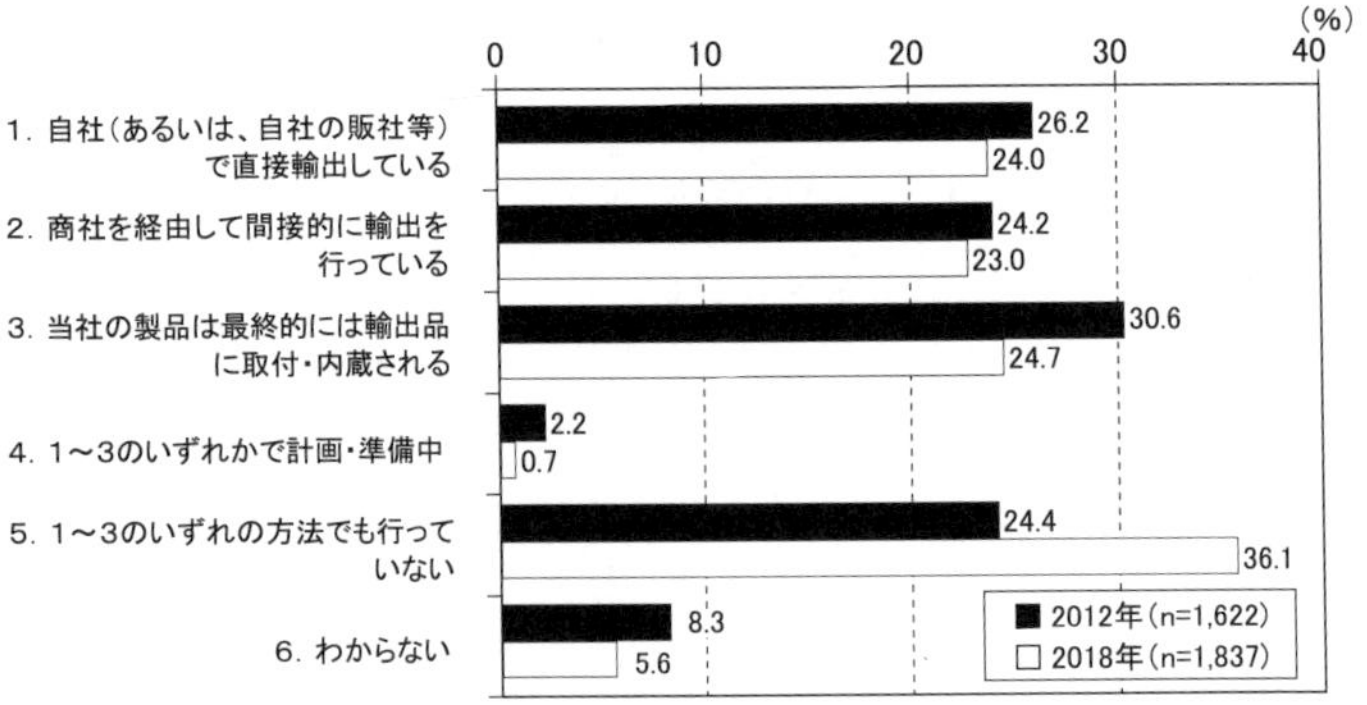

（資料）図表序－１に同じ

いない企業の割合が２０１８年調査で36・１％を占め、２０１２年（24・４％）より大幅に上昇している。これは輸出を行う企業の割合が低下していることを意味するものである。

輸出企業につきその形態をみると、「自社（あるいは自社の販社等）で直接輸出している」が24・０％、「商社を経由して間接的に輸出を行っている」が23・０％となっている。製品そのものが輸出される場合、中小企業では自社で行う形態、商社経由で行う形態いずれも一般的といえる。「当社の製品は最終的には輸出品に取付・内蔵される」は24・７％である。いずれの形態も２０１２年より割合が低下しており、海外での生産の増加が影響しているものとみられる。このことは次節の海外生産で示される、海外生産拠点の日本からの部品輸入の割合が減少していることと整合している。

なお、「自社（あるいは自社の販社等）で直接輸出している」と回答している企業のうち、「商社を経由して間接的に輸出を行っている」にも回答している企業の割合は42・５％にのぼる。中小企業では自社で輸出手続きを行う（直接輸出）企業におい

図表２－２　業態別輸出形態（複数回答）

（%）

		自社（あるいは自社の販社等）で直接輸出している	商社を経由して間接的に輸出を行っている	当社の製品は最終的には輸出品に取付・内蔵される	１～３のいずれかで計画・準備中	１～３のいずれの方法でも行っていない	わからない	回答企業数
自社製品型	2012年	54.5	48.4	7.3	2.9	17.2	2.2	314
	2018年	49.5	43.0	8.4	0.6	25.6	1.6	309
独立受注型	2012年	25.8	27.3	27.8	2.0	24.3	9.0	400
	2018年	22.3	27.3	23.2	0.5	37.9	6.2	422
系列受注型	2012年	16.9	14.6	41.0	1.9	26.4	9.7	856
	2018年	17.6	15.3	30.8	0.7	37.4	6.7	1,011

（資料）図表序－１に同じ

ても、商社利用（間接輸出）を併用することが珍しくない。これは両者の関係が代替的ではなく補完的であることを意味する。中小企業は輸出品目や輸出相手国によって、（1）で示した①、②、③の取引コストを考慮しつつ、自社輸出と商社の利用を使い分けているとみられる。[7]

業態別に輸出形

図表2－3　輸出を行っている国または地域（2018年調査、複数回答）

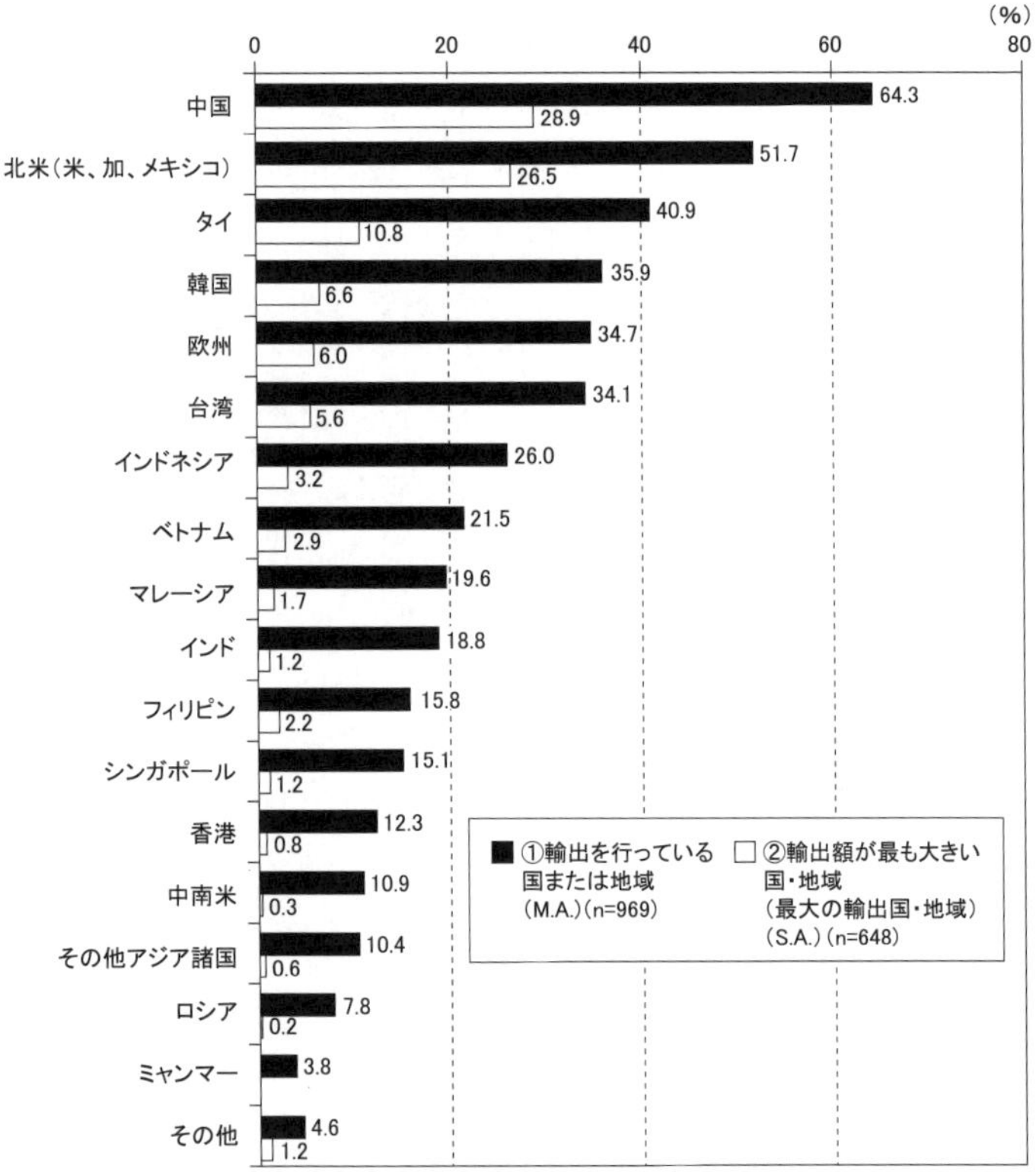

（資料）図表序－1に同じ

態をみると（図表２―２）、２０１８年調査では自社製品型では「自社（あるいは自社の販社等）で直接輸出している」が49・５％、「商社を経由して間接的に輸出を行っている」が43・０％といずれも割合が高い。系列受注型では「当社の製品は最終的には輸出品に取付・内蔵される」が30・８％と高いものの、２０１２年調査の41・０％と比較すると低下している。

主な輸出相手国・地域をみると（図表２―３）、中国が64・３％にのぼり、最も割合が高い。次いで北米（米、カナダ、メキシコ）（51・７％）、タイ（40・９％）、韓国（35・９％）、欧州（34・７％）、台湾（34・１％）、インドネシア（26・０％）、ベトナム（21・５％）、マレーシア（19・６％）、インド（18・８％）、フィリピン（15・８％）、シンガポール（15・１％）と続く。

❷ 海外生産

競争力の定義に即していえば、海外生産は海外の既存の顧客を、安定供給やコスト低減を達成することによって満足させるとともに、輸出よりも強力に現地の潜在的な顧客を獲得する効果を持つ。

国内企業が海外で生産を行うやり方として、海外現地法人を所有して生産を行う方法と、海外企業に生産を委託する方法とがある。このうち前者の海外現地法人を所有する場合は法人に出資することになるが、自社が１００％出資する「独資」と現地企業と共同で出資する「合弁」に大別される。「独資」は経営権を完全に中小企業が持つことになる。「合弁」の場合は出資比率の高低が問題となる。中小企業基盤整備機構「平成28年度中小企業海外事業活動実態調査報告書」によると、中小企業による海外拠点の投資形態は「独資」が65・3％と約3分の2を占め、「現地企業との合弁（50％以上）」が11・0％、「現地企業との合弁（50％未満）」が11・2％とそれぞれ約1割である。このように、海外現地法人を持つに中小企業の大半が経営の支配権を確保しているといえる。なお、現地法人の所有では、新規に法人を設立せず現地企業を買収して子会社とする選択肢もあるが、買収は時間をかけずにある程度の事業規模を確保するときやベンチャー企業等の特定技術を囲い込むときに有効であること、スタッフを自社で選定できないため運営体制を自社の目的に合った形にするのに制度、言語、文化等の側面から難度が高いことから、中小製造業では新規に法人を設立する場合が主で、買収は一般的な手段ではない。

海外企業への生産委託は現地法人を設立することによる資金や人材面の負担や経営上のリスクを負うことなくコスト削減等海外生産のメリットを追求できるため、国際化で経営リスクを負えない企業や国際化の初期の段階にある企業で採用される。前掲の中小企業基盤整備機構の調査では海外で技術・業務提携を行う中小企業は全体の18・8％で、そのなかの42・9％が生産委託を行っている。[8] 丹下英明によると、中小製造業で生産委託を含む「業務・技術提携、役員の派遣など資本関係以外の永続的関係」は3・6％の企業が行っているに過ぎず、海外直接投資の11・3％、直接輸出14・9％、間接輸出20・0％と比べ少ない。[9] このように生産委託は中小製造業にとって副次的な手段であると解され、本章では扱わない。

(1) 海外生産の実施状況と生産拠点の国・地域

中国や東南アジア諸国の経済発展は、中小製造業の国際化を、大企業が輸出代替として海外生産活動を拡大するのに付随する形で広げることとなった。1980～1990年代は国内生産に比べ低コストで安定生産が可能であることが主な進出目的であったが、進出国の持続的な経済成長に伴って現地の購買力が高まるにつれ、販売市場としての魅力が高まってきたことが進出意欲を喚起した。以下ではアンケート調査結果を基に中小機械・金属工業の海外生産の実情を述べる。

海外生産（委託生産を含まない）の実施状況について2000年調査以降の推移をみると（**図表2－4**）、「既に海外生産を行っている」企業の割合は2006年に16.4%と上昇した後16%前後でほぼ横ばいとなっている。また、2018年の「海外生産を計画・準備中」「海

図表2－4　海外生産の実施状況（S.A.）

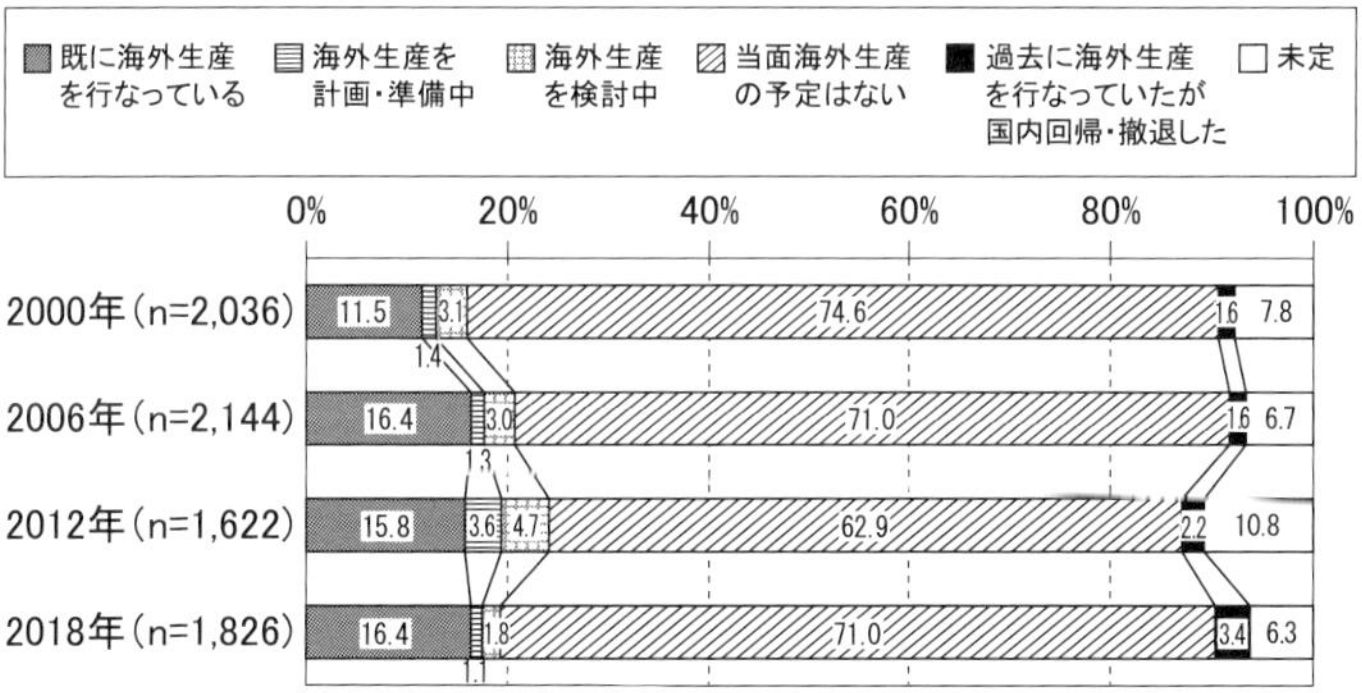

（資料）図表序－1に同じ

外生産を検討中」の合計は2・9％と2000年以降の調査で最も少なく、海外進出予備軍というべき企業は少なくなっている。一方、「過去に海外生産を行っていたが国内回帰・撤退した」は2018年が3・4％と、2000年以降では最も多い。中小機械・金属工業の海外生産は急速に増加する状況にはなく、進出が続く一方で見直しの動きが出てきている。

海外生産実施状況の業種別の特徴をみると、「既に海外生産を行っている」割合は自動車部品が31・9％で、他の業種が10％台であるのに対し突出して高くなっている。「過去に海外生産を行っていたが国内回帰・撤退した」は、はん用・生産用機械が4・2％、電子部品・電気機械が4・3％で全体よりも高くなっている。

輸出形態と海外生産の有無との関係をみると、「自社（あるいは自社の販社等）で直接輸出している」企業では37・5％が既に海外生産を行っているのに対し、「商社を経由して間接的に輸出を行っている」では20・3％にとどまる。企業が自ら輸出を行う場合、輸出相手には、自社や主力納入先の海外現地法人に対する部品等の輸出が含まれていると考えられる。

海外生産を行っている企業につき国・地域をみると（**図表2－5**）、2018年は中国が53・8％と最も割合が高く、タイ（25・4％）、ベトナム（16・1％）が続いている。ただし、中国で生産を行う割合は2006、2012年にはそれぞれ67・8％、69・8％であり、以前からは低下している。中国からの撤退の動きがあること、中国以外の国・地域への進出が増えたことが要因として考えられる。撤退の理由は本調査では調査していないが、中小企業基盤整備機構「平成28年度中小企業海外事業活動実態調査」によると、中小企業の中国拠点からの撤退理由の一位は「現地の従業員人件費等のコスト上昇」であり、コスト面のメリットを享受しにくくなったことが主な原因と考えられる。なお、アンケート調査で2012年・2018年と2回連続で回答した企業につい

図表2－5　海外生産を行っている国・地域（複数回答）

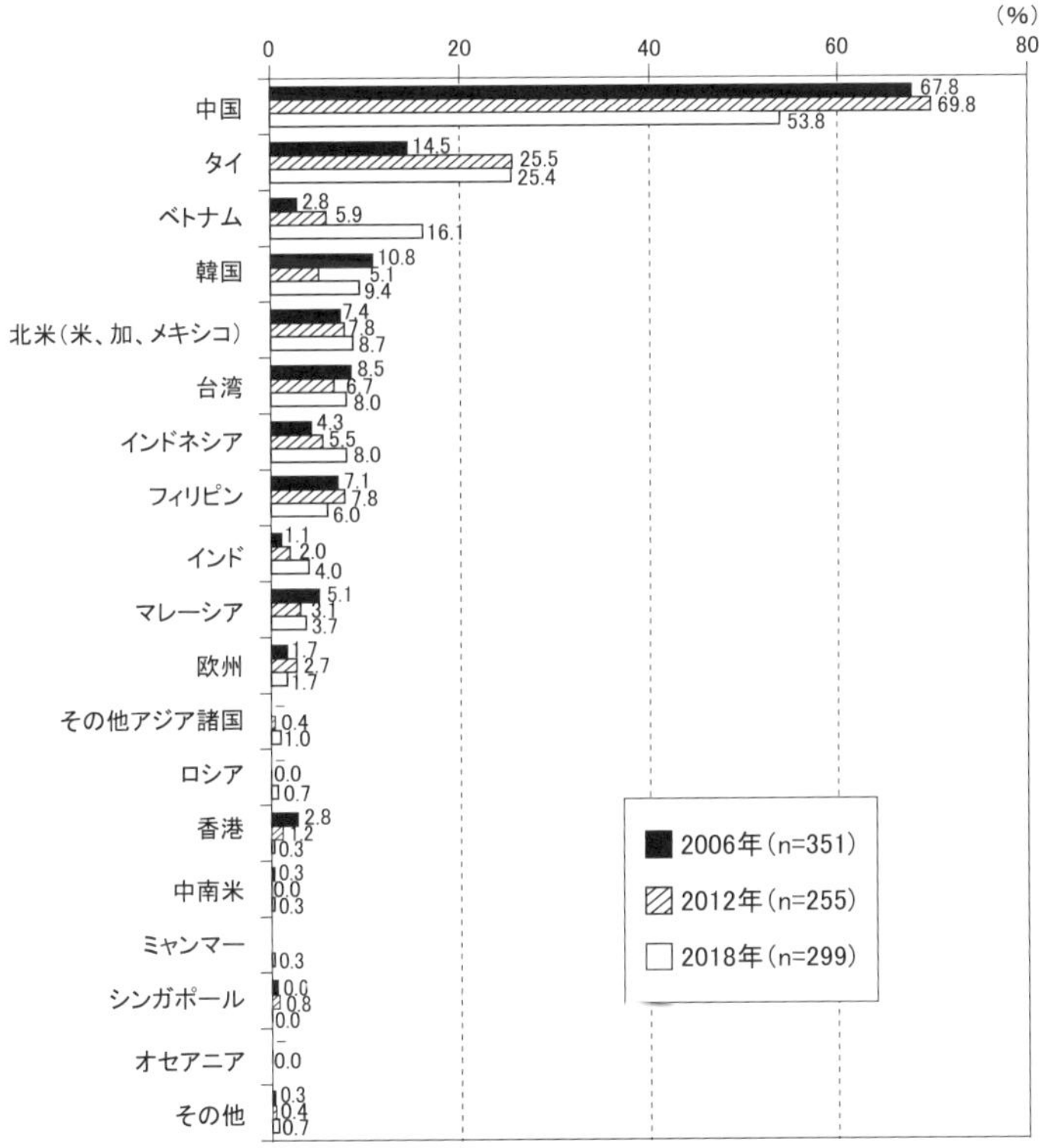

（資料）図表序－1に同じ
（注）2012年調査以前の選択肢に「オセアニア」はない

てみると、２０１２年に中国で生産を行っていた企業58社のうち24社と約４割が中国から撤退した。一方、２０１２年には未進出だが２０１８年時点で中国に新規に進出している企業は13社にとどまった。

進出国別の推移をみると（**図表２－５**）、２０１２年に大きく割合が上昇したタイはほぼ横這いであった。一方、ベトナムは２００６年の５・９％から大幅に上昇し、中国、タイに次ぐ第三の生産拠点としての地位を築いた。以下韓国（９・４％）、北米（米・カナダ・メキシコ）（８・７％）、台湾とインドネシア（共に８・０％）、フィリピン（６・０％）、インド（４・０％）、マレーシア（３・７％）となっている。割合の順位は概ね輸出相手国・地域と同様となっているが、北米やシンガポールは輸出相手国・地域としての割合ほどには生産拠点にはなっていない。北米は生産コストが高いこと、シンガポールは生産拠点としてよりも貿易の中継点としての重要性が高い[10]ことが起因していると考えられる。

これとは逆にベトナムは、輸出相手国としての地位よりも、生産拠点としての存在感が大きい。商工中金「中小企業の海外進出に関する意識調査」（２０１８）によると、中小企業の進出予定国として重要度一位の国はベトナムが22・８％と中国の19・５％やタイの８・９％を上回って最も高い割合となっており、ベトナムへの進出意欲が高い。

アンケート調査では中国に進出済みの企業で中国以外の国・地域（China＋１）への進出をしている企業は44・７％にのぼる。内訳はタイが16・８％、ベトナムが９・３％、韓国が８・１％、台湾が5・6%の順となっており（複数回答）、全体と同様、タイやベトナムが中心である。

業種別に海外生産を行っている国の内訳をみると（**図表2－6**）、自動車部品でタイの割合が最も大きい（45・5%）ことを除き、それ以外のすべての業種で中国が最も多い。全業種と比較して相対的に割合が高い国・地域は、はん用・生産用機械では韓国（23・2%）、電子部品・電気機械では中国（70・2%）、台湾（14・9%）、自動車部品では前述のタイとインドネシア（21・2%）となっている。

国別の特徴として、ベトナムは進出業種の偏りがない。海外生産拠点としての歴史が浅いなかで、機械・金属産業の幅広い業種の中小企業が進出対象としている様子が窺われる。

図表2－6　業種別　海外生産を行っている国・地域（2018年調査、抜粋、複数回答）

（%）

	中国	タイ	ベトナム	韓国	台湾	インドネシア	フィリピン	インド	マレーシア	回答企業数
合計	53.8	25.4	16.1	9.4	8.0	8.0	6.0	4.0	3.7	299
鉄鋼・非鉄・金属製品	53.5	25.7	19.8	5.9	5.9	5.9	6.9	1.0	5.9	101
はん用・生産用機械	55.4	19.6	14.3	23.2	8.9	1.8	3.6	0.0	0.0	56
電子部品・電気機械	70.2	17.0	14.9	6.4	14.9	2.1	2.1	4.3	2.1	47
自動車部品	39.4	45.5	13.6	3.0	1.5	21.2	9.1	9.1	6.1	66
その他	54.5	4.5	13.6	18.2	22.7	4.5	9.1	4.5	0.0	22

（資料）図表序－1に同じ
（注1）全業種ベースで3%以上の割合のある項目を抜粋
（注2）その他輸送用機器・同部品はサンプル数が7と少ないため、記載を省略
（注3）シャドーは合計より5ポイント以上割合が高い項目（その他輸送用機器・同部品とその他を除く）

(2) 海外生産拠点の機能

現在重視している海外生産拠点の機能を2018年調査についてみると(図表2－7)、進出先での部品供給が重視されている。部品供給先としては「進出先の日系企業への部品供給」(41・6%)、「納入先の海外生産拠点への部品供給」(40・9%)がほぼ同水準で割合が高い。この2項目を重視する傾向は個別業種では自動車部品に特に目立つ現象である(各49・2%、58・7%)。これは国内自動車メーカーが海外でもサプライチェーン構築を目指しているものの、海外では概して国内ほど取引可能な部品メーカーの層が厚くないことから[11]、国内で取引がない部品メーカーの海外現地法人との経常的な取引も頻繁に行われるためである。

一方で、「進出先の地場資本系企業」(12・4%)、「進出先の外資系企業」(6・6%)は一部の企業で行われるにとどまり、日系企業以外への販売は現時点では限定的である。現地での日系企業以外への販売展開は今後の課題であろう。

進出国・地域の企業向け以外の機能としては、「日本の国内市場への製品供給」は32・1%と現在でもある程度行われているのに対し、「海外市場への製品供給」は13・9%にとどまっている。ただし後者では、はん用・生産用機械が34・0%と高い割合となっており、進出国の周辺への製品供給を担う生産拠点としての役割を果たしている。

その他の項目についてみると、「低コスト生産のメリット」が37・6%、「労働力の確保」が24・1%、「量産の拠点」15・3%、「原材料調達上のメリット」が10・9%となっている。「特

図表２－７　現在重視している海外生産拠点〈海外現地法人を含む〉の機能（３つまで複数回答）

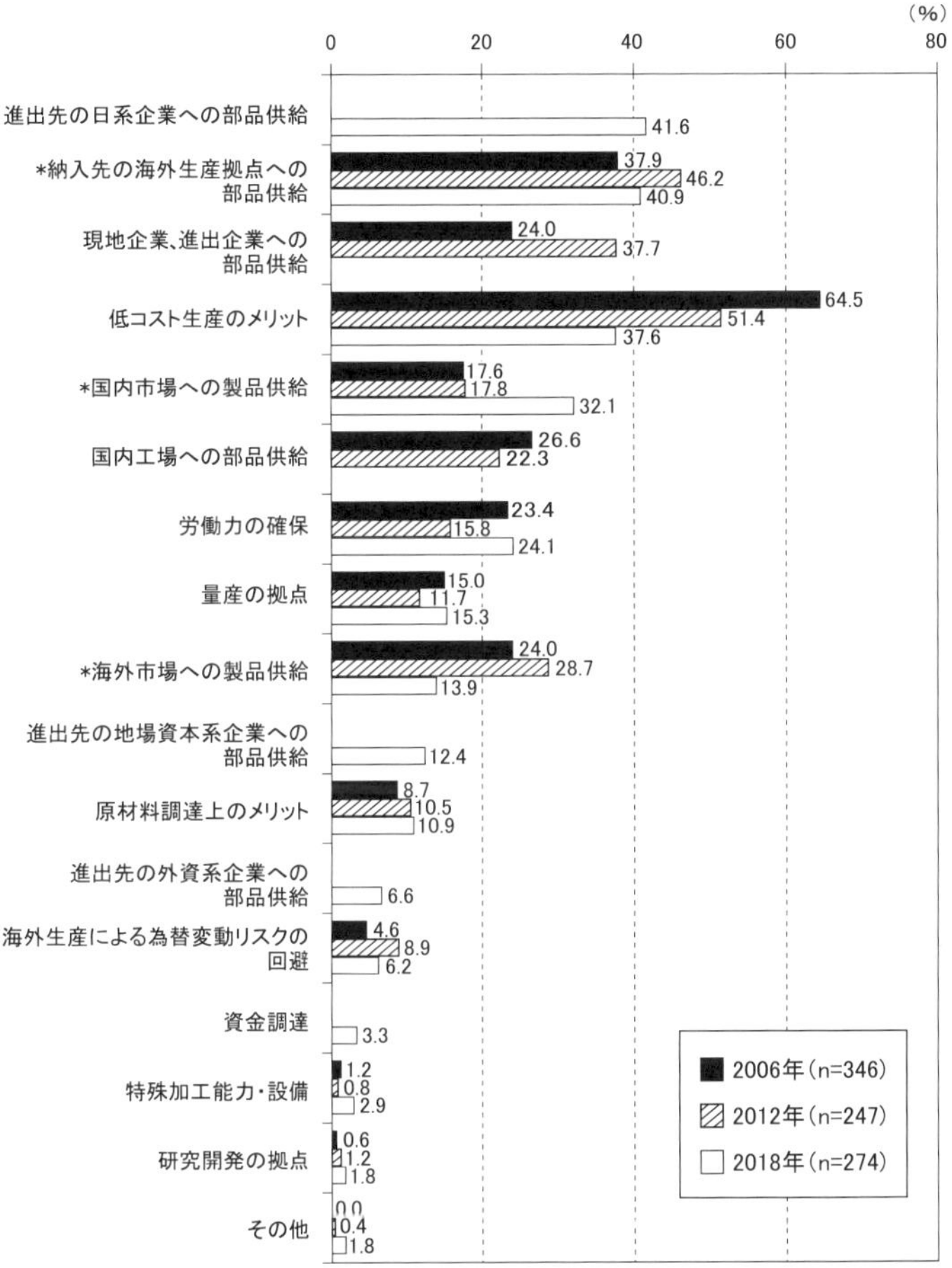

（資料）図表序－１に同じ　（注１）2012 年調査の「現地企業、進出企業への部品供給」は 2018 年は「進出先の日系企業への部品供給」「進出先の地場資本系企業への部品供給」「進出先の外資系企業への部品供給」に分割した　（注２）2012 年調査の「国内工場への部品供給」「国内市場への製品供給」は 2018 年は「国内市場への製品供給」に集約した

殊加工能力・設備」は2・9%、「研究開発の拠点」は1・8%にとどまり、高度な技術や研究開発機能を海外拠点に担わせる動きは乏しい。

時系列の動きに関しては、[12]「低コスト生産のメリット」が2006年64・5%→2012年51・4%→2018年37・6%と大幅に低下し、「進出先の日系企業への部品供給」や「納入先の海外生産拠点への部品供給」を下回っている。海外拠点の機能がコスト削減から現地需要に対する製品・部品供給にシフトしていることが読み取れる。一方、「労働力の確保」は2012年の15・8%から2018年には24・1%に上昇した。海外生産の動機として国内の人手不足が意識される度合いが高まっている。

アンケート調査では今後重視していきたい機能についても尋ねている。「進出先の日系企業への部品供給」が32・5%(現在重視41・6%)、「納入先の海外生産拠点への部品供給」が26・9%(同40・9%)、「低コスト生産のメリット」が30・2%(同37・6%)、「国内市場への製品供給」が20・5%(同32・1%)と、2018年調査では現在重視している機能の上位4項目がいずれも10%ポイント程度低下している。一方、割合が高くなった項目としては「海外市場への製品供給」が28・0%となっており上昇が目立つ(同13・9%)。また、「進出先の外資系企業への部品供給」が13・1%に上昇しており(同6・6%)、今後の販路拡大が期待される。

(3) 生産面の状況

中小企業基盤整備機構「平成28年度中小企業海外事業活動実態調査報告書」で、海外拠点運営上の生産・技術面の課題項目の挙げられる割合が過去と比べてどのように変化したかを、「好転した」と「悪化した」の回答割合の差でＤＩにしてみると、「生産の効率化（歩留まり向上、不良・ロス改善等）」は＋17・３、「インフラの未整備（電力、物流・交通、通信等）」が＋17・３、「納期対応、製品等の安定供給体制構築」が＋11・８、「現地物流・流通体制の確立」が＋11・８と好転超である一方、「生産コストの低減（原材料・部品等費用、原価低減対策）」が▲14・８、「現地物流コストの低減」が▲13・３と悪化超である。

海外における生産環境の整備や生産効率化の面では改善がみられる一方、生産コストや物流コストが上昇し、利益を圧迫している。人件費も利益の圧迫要因で、人事・労務の課題として「現地従業員の賃金上昇」は▲65・１と大幅な悪化超である。なお、「現地従業員の確保・定着化」のＤＩは▲４・９と比較的小幅の悪化超で、人員の量的な確保はそれほど問題化していない。

(4) 素材・部品の調達

アンケート調査で海外生産拠点の素材・部品の調達先をみると（図表2-8）、２０１８年では「進出先の地場資本系の企業」（35・３%）が最も高く、以下「進出先の日系企業」（32・４%）、「日本からの輸入」（21・６%）と続いている。時系列での比較では「日本からの輸入」が２００

6年の31・4%から低下する一方、「進出先の日本企業」と「進出先の地場資本系の企業」「進出先の外資系企業」の合計が2006年66・9%↓2012年69・1%↓2018年70・9%と上昇している。海外生産拠点が素材・部品調達を日本からの調達から現地での調達にシフトしている様子がわかる。なかでも「進出先の地場資本系の企業」からの調達割合が拡大している。2018年調査における5年後（2023年）のイメージは進出先の地場資本系企業を挙げる割合が半数近くを占め、現地企業、特に地場資本企業との結びつきが一層強まることが予想されている。

業種別には「進出先の日系企業」は自動車部品で高く（54・0%）、「進出先の地場資本系の企業」ははん用・生産用機械で高い（53・7%）。一方、「日本からの輸入」は電子部品・電気機械（39・1%）と自動車部品（28・6%）で割合が高い。[13] 進出国

図表2－8　海外生産拠点での素材・部品の調達先について

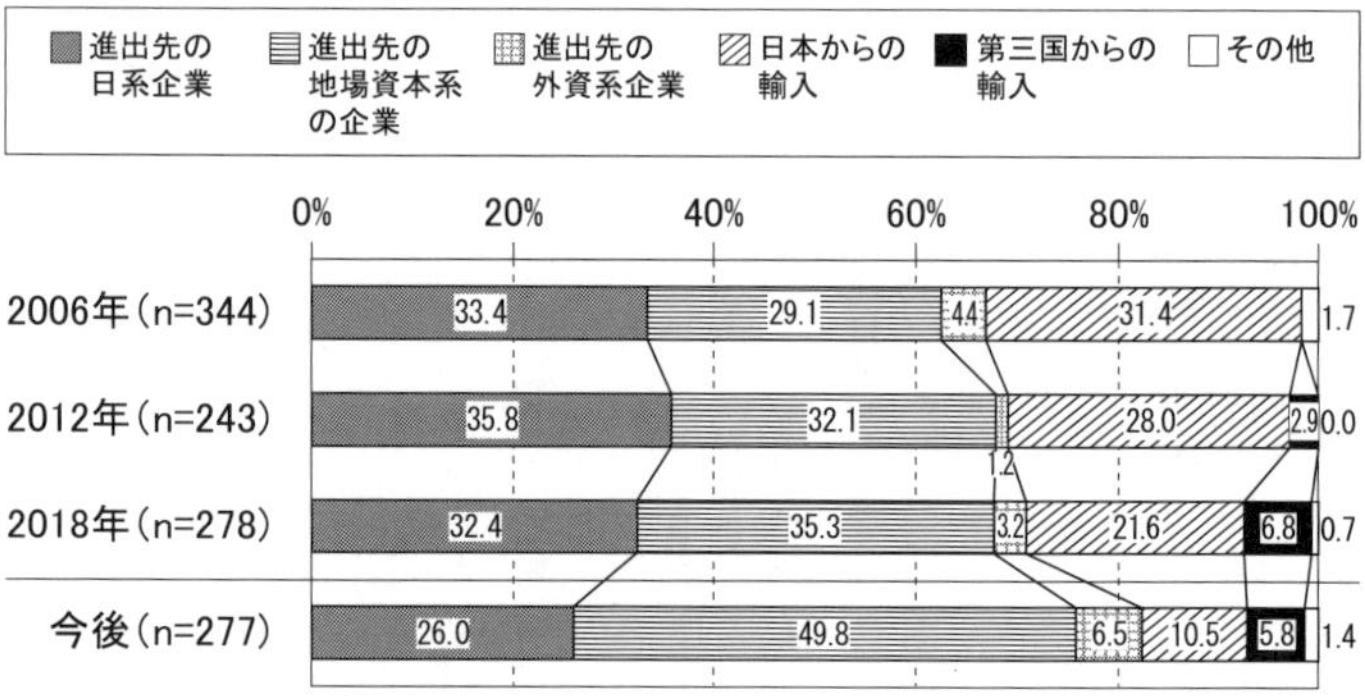

（資料）図表序－1に同じ
（注1）今後は5年後（2023年）程度を想定
（注2）「第三国からの輸入」は2012年調査から

別では、中国で「進出先の地場資本系の企業」が39・7％、タイでは「進出先の日系企業」が36・4％とやや高い[14]。また、中国とベトナムでは「日本からの輸入」もそれぞれ26・7％、32・8％と全体よりも割合が高くなっており、生産面で国内生産との連動性が強い。

(5) なぜ生産拠点の海外展開は頭打ちになったのか

前掲図表でみたように、海外生産を行う中小機械・金属工業の割合は２００６年調査以降横ばいで、進出予備軍も２０１２年をピークに縮小している。経済産業省「海外事業活動基本調査」をみても、日本の機械・金属工業の海外現地法人数は２００６年度が４、６４１社で、２０１２年度は６、２５５社と増えたものの、２０１８年度は７、１０４社で伸びは鈍化している。

海外現地法人設立による海外生産展開が頭打ちとなっている背景を考えてみよう。日本貿易振興機構（ＪＥＴＲＯ）「２０１８年度アジア・オセアニア進出日系企業実態調査」で今後の海外事業を縮小もしくは撤退・移転しようと考える企業につきその理由をみると、「現地市場での売上の減少」が48・３％、「コストの増加」（調達コスト、人件費など）が38・５％、「成長性、潜在力の低さ」が31・２％であった。２０１８年のアンケート調査で現地法人の減少が目立った中国では、「コストの増加」（41・７％）、「現地市場での売上の減少」（37・５％）、「労働力確保の難しさ」（31・３％）の順となっている。人件費等のコスト上昇が利益率を圧迫しているうえ、現地での売上が必ずしも十分確保できていない様子が窺われる。

売上に関しては、系列にとらわれない幅広い販売先の確保が重要になっている。中小製造業が海外生産拠点を設立したきっかけは主力納入先の海外生産移転に伴う進出要請によるところが大きい。しかし現状では、前掲（2）で示した通り、主力納入先以外の日系企業への納入が主力納入先への納入と同程度に重視されるに至っている。

現地での同業日系部品メーカーや地場メーカーとの競合は厳しく[15]、今や進出当初の主力納入先の海外拠点への納入だけで現地での操業水準が維持できるとは限らなくなっている[16]。

このように現在では、中小機械・金属工業の海外生産拠点においては現地での販売努力の必要性が高まっている。従って、海外生産拠点の設立に際しては、以前と異なり現地での販売先をどのように確保するかも考慮しなければならない。実際、中小企業庁「2012年版中小企業白書」によると、中小企業が直接投資を開始するために必要な条件として「販売先を確保していること」を54・7％の企業が挙げている。**事例d　A社**では、進出当初の納入先の需要が見込めなくなったことから海外生産拠点が自ら納入先を開拓し、経営を軌道に乗せた事例を紹介している。進出後に方向転換できた例であるが、これから進出を考える企業はこの事例が示すような事態を事前に想定する必要がある。

加えて、素材・部品の調達は中国の生産拠点をはじめとして、現地地場企業に依存する度合いが高まっている。現地での生産立ち上げに際してはこのことを考慮して現地での信頼できる供給メーカーを確保しなければならない。

海外生産拠点の運営は調達から生産供給まで現地化が進んだ結果、労働コストの引き下げが主目的であった以前と比べ、事業を軌道に乗せるための経営課題として、生産管理のみならず調達や販売の重要性が高まっており、海外現地生産のハードルは上がっているとみられる。このことで、中小製造業が新規の海外進出に対し以前よりも慎重な態度を取らざるをえなくなる。

最新調査調査時点（２０１８年）で国内経済が堅調に推移していたことも海外展開の抑制要因となっていたと考えられる。商工中金（２０１８）「中小企業の海外進出に関する意識調査」によると、海外進出の実績も予定もない中小企業が海外進出を行わない理由として「現状程度の国内需要で事業の継続が可能」が62・３％と過半数を占めた。日本の景気は２０１２年末以降拡大を続けていたので、こうした中小企業の判断の下支えとなっていたとみられる。付注で示すように、国内生産拠点の技術や納期対応、アフターサービスが海外の競合企業より優位にあると考えられていることも、海外に生産拠点を置くことなく生き残り戦略が可能との認識をもたらし、国内操業志向を後押ししたものとみられる。

❸ 今後の中小企業の海外進出のあり方

海外生産拠点運営のハードルは上がったものの、それは中小製造業にとって海外生産という選択肢自体が意味を持たなくなったことを意味しない。日本とアジア諸国との成長力格差は依然として存在しており、国内景気には循環的あるいは突発的事象による後退局面に入る可能性もあるなかでは、売上を内需に全面的に依存することはリスクが大きい。その意味で現在、内需で事業の継続が可能と考えている企業でも、今後は再び海外進出を視野に入れる可能性は排除できない。また、一般に国内生産拠点は海外同業者より技術水準が高いとみなされることは、もし技術移転により海外拠点で日本と遜色ない技術力を提供できるとすれば、それだけ潜在的な顧客を獲得する機会に恵まれるという点も無視できない。

このようななかで、敢えてリスクを取って海外に進出し市場の成長性とビジネスチャンスの多さと潜在的な顧客の獲得に賭けるのか、成長が見込めない国内市場で自社の強みを生かしてシェア拡大を目指すのか、中小企業は難しい選択を迫られよう。中小製造業の選択の幅を広げるためにも、現地法人設立から現地での販売先確保に至るまでのプロセスに対する情報提供等、中小企業の国際化に対する支援体制を充実させることは不可欠である。特に販売面において、第三国の現地法人への販売は開拓の余地が大きい。このなかには米国や欧州等先進国の企業を親企業とする現地法人も多く含まれ、中小製造業にとって技術的な優秀性がアピールポイントとしやすいメリットがあるだろう。反面、使用言語や取引慣習、企業文化などが地場企業とは異なるため、取引開始へのアプローチを中小企業が独力で行うことは容易でなく、外部のサポートがあることが望ましい。国際化の支援機関や金融機関等は第三国企業の周辺情報提供等による手助けを行うことが求められる。

付注　海外競合先との比較

国内生産拠点と、現地の地場や外資系の競合企業との優劣関係がどのようになっているかは、海外進出の可否の判断や、海外生産拠点の経営方針を左右する重要な要素である。アンケート調査では技術水準、コスト対応力、納期への対応力、保守等アフターサービスの4分野について自社と海外同業他社との比較を尋ねており、参考として以下で紹介する。進出先にアジアが多いこと、進出先の納入相手に日系企業と現地企業が多いことから考えて、この場合の海外同業他社はアジアの地場企業が中心と解される。以下にＤＩとして数値化した結果を示す[17]。

アンケート調査では海外同業者との比較を「上回る」「やや上回る」「同程度」「やや下回る」「下回る」の5段階で尋ねており、これを順に1・0、0・75、0・5、0・25、0とウエイト付けして加重平均したものをＤＩとした。ＤＩ50超は上回る状態、50未満は下回る状態である。

分野別にＤＩをみると、技術水準は78・4、納期への対応力が71・7、保守等アフターサービスが75・6で、50を大幅に上回る一方、コスト対応力は38・0で下回っている。従って、技術、納期、アフターサービスといった非価格面の要素は国内企業が上回り、コスト面では海外企業に劣ると認識している。この結果は業種を問わず当てはまり、国内生産拠点は非価格競争面においては海外企業相手に優位性を発揮できるとしている。今後（5年程度）についても技術水準が77・9、コスト対応力が43・6、納期への対応力が73・5、保守等アフターサービスが76・2と同様な結果となっている。

このように、日本の中小機械・金属工業は国内生産においてはコスト面では海外の競争相手に対し不利な状況にある。しかし、技術及び納期、アフターサービスといった非価格面での優位性は大きく、しかも当面その優位性が揺らぐ兆候はない。従って、それを生かしてコスト面の不利をカバーできれば海外の競争相手に対して競争力を持つことができよう。

事例ｄ　Ａ社

所在地　東京都大田区　設　立　１９５３年
資本金　４５００万円　従業員　１００名
事業内容　プラスチック及び金属の切削、成形、加工

1．沿革

プラスチック加工業として１９５３年に設立。その後、納入先の求めに応じて金属加工のほかゴム等他素材の加工も行うなど、多様な目的に沿った機械部品の切削・成形などの加工を行う業者として現在に至る。大口納入先への供給態勢を整えるため、１９９０年に茨城県、１９９７年に宮城県に子会社を設立し、現在はグループとして活動している。２００１年には外資系ヘルスケア企業への部品供給を目的としてフィリピンに海外現地法人を設立した。

2．事業の概要

生産する部品は通信機器、自動車、電子部品、制御機器、パソコン、産業機械などの機械類のケースや部品で、用途に応じプラスチック、金属、ゴムなど多様な素材の加工を行っている。現在では自動車メーター関連とヘルスケア機器関連の需要が多い。成形に必要な金型は自社対応が可能であるが、メンテナンスのコストを考慮して、海外企業への外注も併用している。

素材の切削、成形、加工には高い精度が求められ、量産に至るまでには設計や試作の段階から発注先との緊密な情報交換が必要である。製品の性格上、多品種少量生産が基本であり、特定の製品需要が固定的に存在するものではなく、主力納入先の入れ替わりが多い。原材料の仕入はミスミなど材料商社・代理店が中心で、Web調達は行っていない。

3.需要の入れ替わりへの対応

素材の切削、成形、加工に関しては個々の需要の盛衰が多く、当社にとって10年以上主力納入先であり続けた企業はなかった。例えば10~20年前の主力であった計測器や制御機器関連の需要は現在では僅かである。現在の主力の一つである自動車メーター関連需要も計測機器のデジタル化に伴い今後は減少が見込まれる。一方で医療機器関連需要(CT、MRI関連)が主力になりつつあるほか、食品製造機械(すしロボット、あんこ製造機等)の需要が伸びている。このような事業環境において素材加工業者として安定した需要を確保するためには「1社に受注を依存しない」スタンスが重要である。こうした状況に対応するため、当社は顧客の要望に沿えるよう加工できる素材の品揃えを増やすとともに、金型製作を自作と外注の二本立てとし、柔軟な調達とメンテナンス態勢の強化を心掛けてきた。

４．ＩＴ対応

①　部門間の機能連携

初期段階では財務・営業の２部門でオフコン[18]を導入して情報化を推進してきた。この２部門は個別に市販ソフトを使用して情報化を進め、連携は特段行わなかった。生産部門のデジタル化も別個に行われていたため、３部門とも情報連携はできていなかった。

パソコンの導入を機に当社では部門間の情報連携を図るべく、まず財務、営業間のシステム一体化に取り組んだ。システム一体化は個人のソフトウェア技術者に委託して行い、２０００年に両者の連携を達成した。

財務・営業一体化システムは約15年間使用したが、次第に生産部門との情報共有がないことが支障となってきたことから、財務・営業・生産３部門のシステム統合が次の課題となった。開発を複数のソフトウェア開発会社に打診したが、最終的には取引先から紹介された従業員10人程度の小規模な開発会社に委託した。システムの完全統合には３年を要した。中小企業がシステム開発を外部に委託する場合、当社のニーズを的確に汲み取れること、完成に向け辛抱強くコミュニケーションをとれることが必要で、開発会社との「相性」は大変重要であると感じている。その意味ではソフトウェア開発会社はビジネスライクで必ずしも当社のニーズに沿うとはいえない大手ではなく中小企業の方が良いと感じている。

システム一体化により、当社で社長と常務は財務・営業・生産の経営情報をリアルタイムで社外からも把握することが可能となった。このことで現場に迅速に指示を出すことが可能となり、経営判断の速さという点で当社の競争力の一助となっている。ただ、システム一体化はグループ本体企業と一部グループ企業にとどまり、計数がリアルタイムに把握できないグループ企業があることは課題として残されている。

② 先端技術や新しいIT手段の利用

当社では加工技術にAIを利用している。カッターパス（CADデータを用いて切削加工するモデル加工機の運行軌跡）において最適な運航軌跡を推計する際、市販のAIソフトを用いて精度の高い切削を達成している。また、遠隔地の担当者との意思疎通において、スカイプ（インターネットを用いたPC間でのテレビ電話機能）を多用している。

5．海外現地法人における納入先の変容

当社は2003年にフィリピンに海外現地法人を設立した。米系の健康関連機器メーカーがインド向けの超音波診断装置の製造を、同国を拠点として行う方針としたことに伴うものであった。当社の対医療機器メーカー戦略の一環として行った。しかし、現地法人では実際にはこの分野で採算がとれず、加えて米系の健康関連機器メーカーが部品をインドから調達する方針に転換したことから、現地法人では別な納入先を開拓する必要に迫られた。営業努力の末、マカオ向けにアミューズメント機器を製造する日系メーカーを主力納入先とすることに成功し、存続が可能となった。現在、この現地法人は国内の当社グループとは事業面で自立した存在となっている。

1　原材料や部品の輸入も中小製造業の調達面における国際化の手段といえるが、新規顧客の吸引や既存の顧客の満足といった競争力の観点からは輸出や海外生産に比べ重要度が低いことから、本章では触れない。

2　中小企業基盤整備機構「平成28年度中小企業海外事業活動実態調査」によると、海外展開中小企業のうち輸出（直接輸出または商社経由の間接輸出）を行っている企業は52・1％、海外直接投資を行っている企業は32・1％ある。これに対し、業務・技術提携は18・8％にとどまり、海外展開の手段として一般的とはいえない。

3　関智宏編著（２０２０）「よくわかる中小企業」（ミネルヴァ書房）。

4　この場合、輸出契約の主体は中小製造業自身となるが、販売先との条件交渉等は代理店に委ねられる。

5　企業が市場の価格メカニズムを利用するために負担するコスト。探索コスト、交渉コスト、監視コストに分かれる。

6　この形態を、商社経由の間接輸出との混同を避けて「間接的輸出」ということがある。

7　アンケート調査で従業者数規模別に直接輸出と商社経由の間接輸出の実際の割合をみると、前者は規模が大きいほど実施割合が高くなる一方、後者は規模による違いは小さい。直接輸出は企業の①の取引コスト、特に人件費等の負担能力が影響していると考えられる。商社経由の輸出は②の商社のマージン上乗せによる実質的手数料コスト負担が①の直接的コストや③の偶発的コストを下回ると中小企業が考える場合が規模にかかわらず一定程度存在するためとみられる。

8　生産委託以外では販売委託21・1％、技術供与17・2％などが多い。

9　丹下英明（２０１２）「中小企業の海外展開と「生産拠点を持たない海外展開」戦略－技術供与・生産委託を活用した海外進出の可能性－」（日本政策金融公庫論集　第17号）。

10　シンガポールは国土面積が720平方キロと狭小で土地が希少である。人口は約560万人と小規模でドル換算の1人当たりGDPの水準が日本を上回るなど人件費が高コストとなることから、生産拠点を設置するには適していない。一方、シンガポール港は東南アジアのハブ港としての地位を確立しており、同国の貿易額（輸出＋輸入）は名目GDPの2倍を上回る。

11　国内サプライチェーンの重要な構成企業であっても、自動車メーカーの要望に応えて主要な海外生産拠点すべてに現地法人を設立することは実務上きわめて困難であろう。

12　製品や部品の項目は調査年次により設問の変更があるため時系列での比較はできない。

13　自動車部品は基本的に進出先の日系企業から調達し、高度な製造技術を要する等、現地で対応できない素材・部品は日本からの輸入で補っていると考えられよう。

14　赤羽淳・土屋勉男・井上隆一郎（2018）「アジアローカル企業のイノベーション能力」（同友館）によると、中国の二次サプライヤーはタイに比べ工程設計や製品設計といったものづくり能力で上回っているとしている。中国の方がタイより二次サプライヤー間の競争が厳しいことも指摘されており、現地の日系企業にとって利用しやすいと考えられる。

15　前述の海外自動車サプライチェーンにおける国内部品メーカー系海外現地法人の不足は例外的なケースである。

16　中小企業庁「2014年版中小企業白書」で製造業の海外直接投資先の投資目的として最も重要な目的を当初と現在とで比較すると、「既往取引先の随伴要請への対応」が26・7％↓16・3％と低下し、「新規の取引先・市場の開拓」が30・1％↓38・1％と上昇している。

17　質問項目が異なるため、2012年調査とは単純に比較できない。

18　オフィスコンピュータの略。1970年代から90年代にかけて主に企業の事務処理に使用されたコンピュータ。ユーザの注文に応じ、業者が専用のアプリケーションソフトを開発し、ハードウェアと一緒に企業に納品する形態が一般的であった。1990年代末以降、企業向け需要は小型、高性能で汎用性の高いパーソナルコンピュータ（パソコン）に代替されていった。

第3章 新事業展開による競争力向上

企業を取り巻く外部環境は政治・経済・社会・技術革新など多岐にわたり、刻一刻と変化している。外部環境の変化に対し中小企業は、事業を存続させるために、競争相手や市場の動向を踏まえ、自社の経営資源の状況を考慮しつつ、必要に応じて事業の再構築を行う。事業の再構築には主力の既存事業を別の事業に置き換える業種転換のような大掛かりなものもあれば、既存事業に軸足を置きつつ新事業にも進出する漸進的なものもある。アンケート調査では調査企業の関心分野の変化を的確に把握するため、新事業展開に重点をおいて調査を行っている。

本章では、中小製造業の新事業展開について取り上げる。企業による新事業展開の重要性と展開パターンを述べた後、アンケート調査を基に中小機械・金属工業の新事業分野への進出状況の推移を概観する。さらに進出体制と進出分野の動向に触れ、企業の関心分野がどのように変遷しているかをみる。最後に受注型企業で多くみられる主力納入先の変更による意図せざる新事業展開について触れる。

❶ 新事業展開の重要性

一国経済のレベルで見れば、既存企業が新事業を展開することは、経済の新陳代謝とイノベーションの促進につながる。経済の新陳代謝は国内や世界の経済環境の変化に適合した経済の構造変化をもたらすものである。[1] イノベーションに関しては、企業の新しい試みが、シュンペーターが唱えた「市場にとって新機軸となるような革新」につながるものを生み出す可能性を持つ。

個々の企業のレベルでみれば、新事業を展開することにより売上高や利益など今後の業績向上が期待できる。新事業の収益基盤が確立した場合、継続企業としての生き残りの可能性が高まる。新事業展開はそれが既存事業を温存したまま新事業へ進出する場合、売上高の増加につながりやすく、業種転換のような大きな変革になるほど、経常利益が増加する傾向が強い。[2] 競争力の観点(補章第1節第1項参照)からいえば、新事業展開により潜在的な顧客の誘引が図れるほか、既存事業で満足を与えることができなかった既存の顧客を満足させることが可能となる。

イノベーションの観点からは、個々の企業レベルではシュンペーター的な意味の市場にとっての新機軸となるような新結合を期待するよりも、OECDと欧州委員会統計庁が作成したオスロ・マニュアルで示された「その企業にとって」新しい結合を手段として採用し、業績の向上や生き残り、競争力の向上に役立てるものと捉えることができよう。オスロ・マニュアルでは、①

プロダクト・イノベーション（新しい、または大幅に改善した製品・サービスの導入）、②プロセス・イノベーション、③組織イノベーション、④マーケティング・イノベーションの４つを挙げている。新事業展開の手段としては主には①のプロダクト・イノベーションが該当するが、新たな顧客層の開拓という意味で一部④もあてはまろう。[3]②③は新事業展開を効果的に行うための手段として位置づけられよう。

過去に新事業に進出した経験のある中小企業は将来も新事業展開を行う傾向が強く、メリットの好循環が期待できる。中小企業庁「２０１３年版中小企業白書」によると、事業転換を実施した経験のある中小企業の62・９％、多角化の経験がある企業の57・２％が今後新事業を実施・検討する予定があるとしているのに対し、事業転換もしくは多角化を実施したことがない企業の実施・検討予定は10・０％に過ぎない。

❷ 新事業展開のパターン－多角化と事業転換－

企業の新事業展開は、既存事業を主力事業として継続しつつ、新市場で新製品・サービスを展開する「多角化」と、既存の事業を縮小・廃止して、新市場で新製品・サービスを展開する「事業転換」とに大別できる。

多角化のメリットは範囲の経済が実現できることにある。範囲の経済とは複数の製品を１社で生産する方が、製品別に別個の企業で生産するよりも生産コストが低くなることをいう。複数の製品を1社で同時に手掛けることによるシナジー効果も期待できる。[4]このように多角化は、経営資源を異なる生産目的に併用することで企業価値を高めるものである。既存事業の継続が前提となるため、事業リスクは低く抑えられるが、複数事業を手掛けるので従業者や設備等、経営資源にかかる負荷は高くなる。多角化は主力事業が好調に推移している場合にも、主力事業の業績が思わしくない場合にも採ることが可能である。

これに対し事業転換は、成長分野や収益性の高い分野に経営資源を集中的に投下できる一方、範囲の経済やシナジー効果にはつながらない。また、主力事業を温存する多角化よりも事業リスクは高くなる。[5]経営資源への負荷は多角化よりも小さい一方、新規事業に対応するための新たなノウハウ獲得が必要となるため、人的資源の負担は小さくない。事業転換は通常、主力事業の業績が思わしくない場合や、画期的な新製品の登場により主力事業の将来性が乏しいと見込まれる場合に採用される。

中小企業において多角化戦略と事業転換戦略でどちらが採用されているかをみておこう。「2017年版中小企業白書」によると、事業転換戦略を実施する中小企業の割合は4・9％で、多角化戦略を実施する中小企業の割合（16・0％）の3分の1弱である。リスクを考えれば当然の結果であろう。ただ、規模の小さい企業ほど事業転換戦略を採る割合が相対的に大きい。[6]この背景には、企業規模が小さい企業ほど経営資源（人材、設備）が希少であるため、既存事業を維持しながら多角化を行うだけの余裕が乏しいことが考えられる。

中小企業では特に設備が十分でないことが多く、多角化のネックになっている。企業は一般にその事業規模が大きいほど設備集約的（労働に対し設備が相対的に大きい）になり、小さいほど労働集約的（設備に対し労働が相対的に大きい）である。財務省「法人企業統計」によると、２０１８年度の製造業の労働装備率（従業員１人当たりの有形固定資産額）は資本金１、０００万円以上１億円未満の企業で６８４万円、同１、０００万円未満の企業で３９１万円と、同10億円以上の企業の１、８１２万円を大きく下回る。このように規模の小さい企業は大きい企業に比べ、複数の製品を生産するために共有できる設備の量は相対的に小さくなる。従って、多角化は企業規模が大きいほど手掛けやすく、設備の余力が乏しい小規模企業では、ある程度リスクを取って直接新事業に踏み出すことになる。

事業転換に関連して、年間どの程度の企業が業種を転換するような事業再構築を行っているかを「２０１１年版中小企業白書」でみておこう。２０１０年までの10年間の平均値で産業分類別の転換率をみると、大分類業種を超えた転換（例・製造業→サービス業）が１・２%、中分類業種を超えた転換（例・金属製品製造業→輸送用機械器具製造業）が１・７%、小分類を超えた転換（５２３業種、例　金属素形材製品製造業→建設用・建築用金属製品製造）が２・２%となっている。大分類業種・中分類業種を超えた転換が本格的な業種転換と考えられ、１年間で２%弱、10年換算では２割近い企業が業種転換を行っていることになる。

❸ 中小機械・金属工業の新事業分野への進出

(1) 進出状況

本節ではアンケート調査結果を基に中小機械・金属工業の新事業展開の動向を述べる。調査では多角化と事業転換を区別せず「新事業分野への進出」として質問を行った。

中小機械・金属工業の新事業分野への進出状況をみると（**図表３－１**）、２０１８年の調査では66・９％の企業が「当面、新事業分野に進出するつもりはない」としており、「既に新事業分野に進出している」「新事業分野への進出を検討中」の合計は33・１％にとどまっている。

時系列でみると、「既に新事業分野に進出している」は２００６年に低下した後２０１２年、２０１８年とほぼ横這いで推移するなか、「新事業分野への進出を検討中」は２０１８年に20％を割り込んだ。一方、「当面、新事

図表３－１　新事業への進出状況

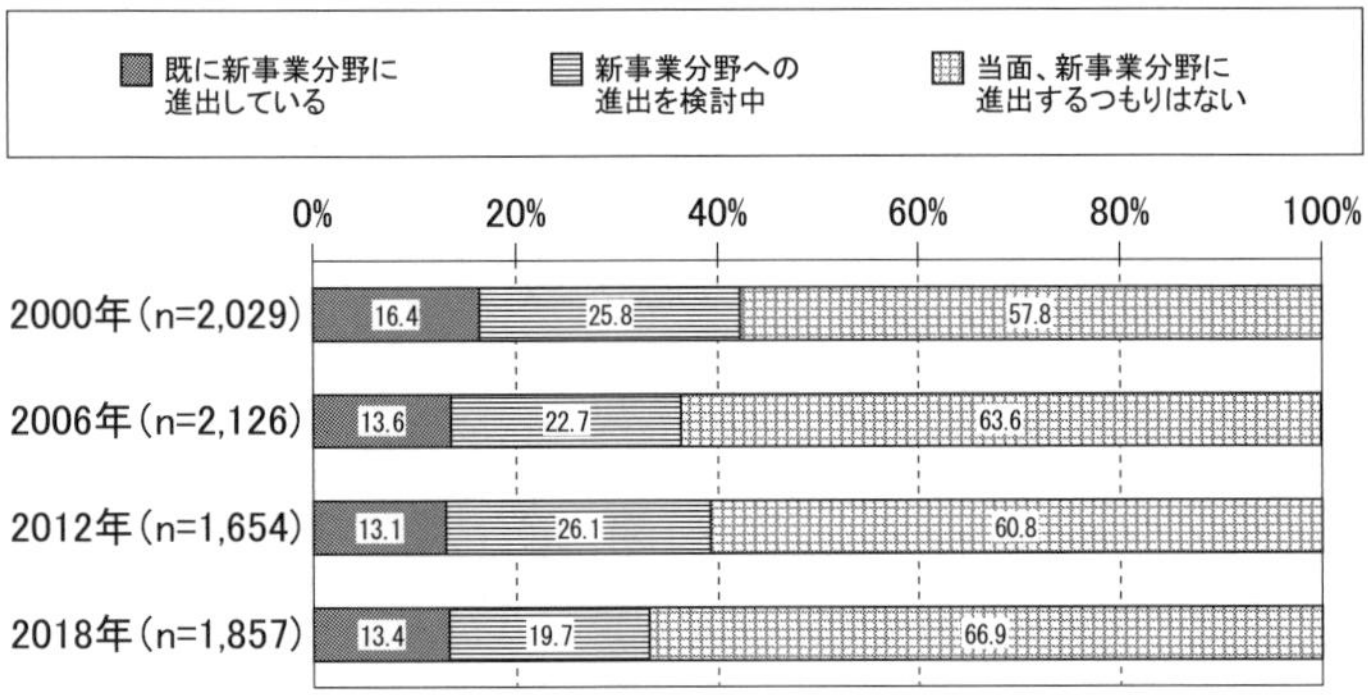

（資料）図表序－１に同じ

業分野に進出するつもりはない」が上昇しており、回答企業の新事業分野への進出意欲はやや弱まっている。

企業規模別に[7]２０１８年の「既に新事業分野に進出している」「新事業分野への進出を検討中」の割合の合計（以下「新事業分野に進出済・検討中」とする）をみると、大規模中小企業が40・3％、中規模が33・1％、小規模が26・3％と規模が大きいほど新事業への進出意欲が高い。業種別には、はん用・生産用機械が37・8％、電子部品・電気機械が36・0％、自動車部品が36・8％で進出意欲が比較的高い一方、その他輸送用機械部品が31・3％、鉄鋼・非鉄・金属製品が29・6％とやや低い。

新事業分野への進出状況が足元の収益力と関係があるかをみてみよう。２０１５～２０１７年度の売上高経常利益率をみると、「新事業分野に進出済・検討中」とする企業とそれ以外の企業いずれも３・４％であり、新事業進出状況と足元の利益率との間に関連性はみられない。企業によって新規事業の成長の度合いにばらつきがあるためと考えられる（新規事業が収益の柱に成長した例は、**事例e　株式会社ミヤサカ工業**参照）。

新事業分野への進出状況と自社の事業の発展可能性をどのようにみているかの関係については（**図表３－２**）、「順調に発展できる」とする企業で「新事業分野に進出済・検討中」の割合が49・8％、「緩やかながらも発展できる」とする企業では35・5％と高く、将来に明るい展望を持つ企業ほど新事業分野への進出に積極的である。ただし、「やや厳しい」とみる企業では「新事業分野に進出済・検討中」の進出割合が34・9%、「かなり厳しい」も30・0%となっており、「現状維持は可能」とする企業の22・3%よりも高い。このことは、将来に対する危機意識があることも、新事業分野進出を促す要因になることを示唆している。

なお、アンケート調査では「順調に発展できる」と「緩やかながらも発展できる」の割合の合計は2012年の37・2%から2018年には47・8%に上昇しており、企業の将来展望は楽観度合いが高まった。それにもかかわらず、冒頭で触れたように新事業への進出意欲は伸び悩んでおり、事業承継等、事業の見通し以外の要因が影響を与えているものとみられる。

(2) 新事業への進出体制

2018年調査においては、「新事業分野に進出済・検討中」とする企業の新事業への進出体制につ

図表3－2　事業の発展可能性別新事業分野への進出（2018年調査）

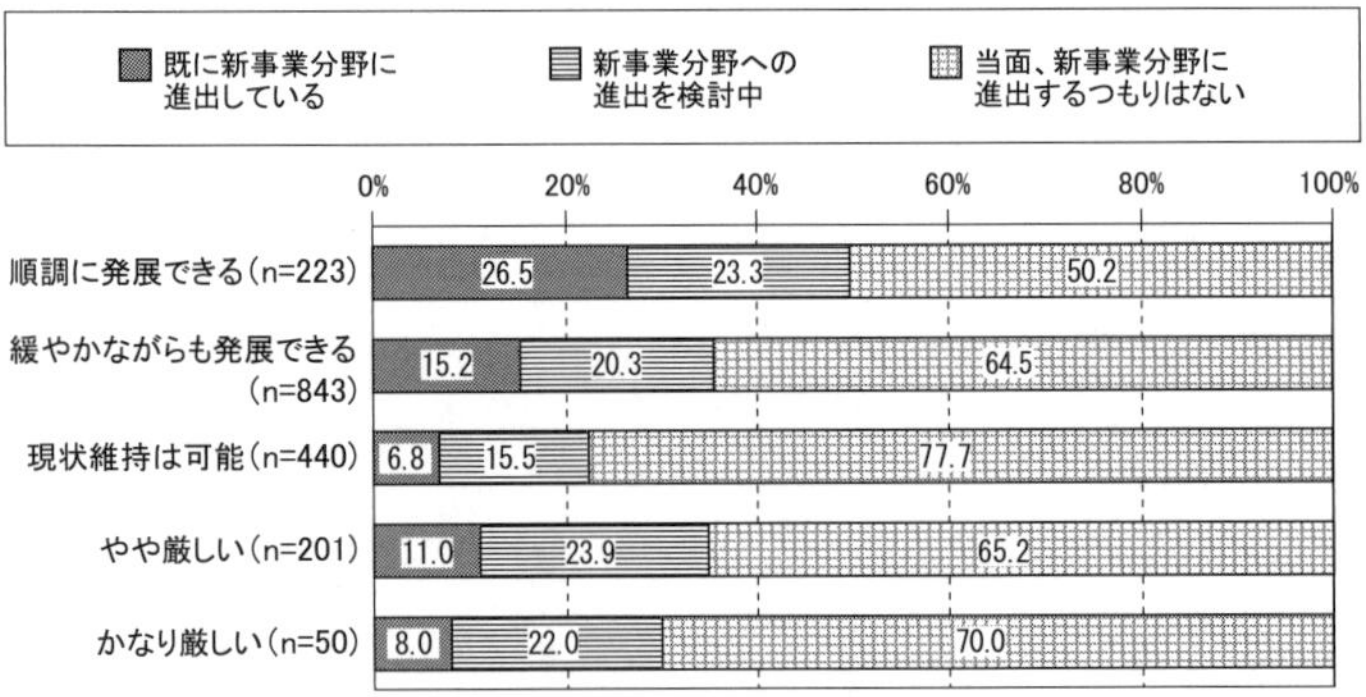

（資料）図表序－1に同じ

いて尋ねている（**図表３－３**）。「社内に担当部署を設置して現在の人員・設備等を活用して進出する」企業が70・1％と大半を占め、「子会社・関連会社を設立して現在の人員・設備等を活用して進出する」企業は10・6％である。現有の人員や設備を活用する企業が大半を占め、会社組織内部で新たに部署を設置する形が多い。「Ｍ＆Ａや資本提携、業務提携等外部資源を導入して進出する」を挙げる企業の割合は15・０％となっている。[8] 業種別には電子部品・電気機械で「Ｍ＆Ａや資本提携、業務提携等外部資源を導入して進出する」が25・３％とやや高く、進出にあたって外部の技術やノウハウ、人材を活用する余地が比較的大きいものとみられる。

「新事業分野に進出済・検討中」の企業の技術開発体制の特徴（序章第４節第２項参照）についてもみておこう（**図表３－４**）。「自社単独で実施」「親企業以外の提携企業からの技術指導」「異業種交流グ

図表３－３　新事業分野への進出体制（2018年調査）

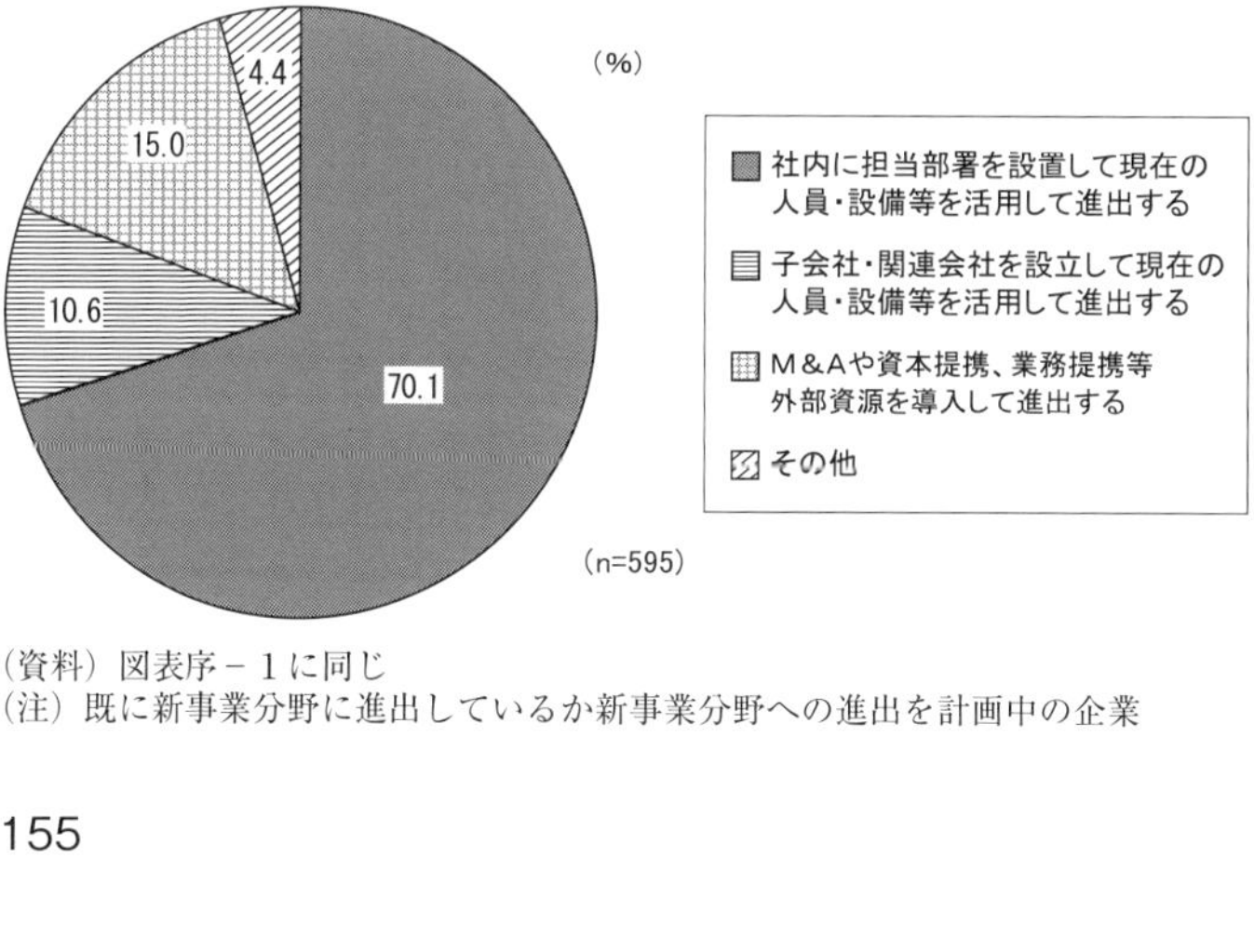

（資料）図表序－１に同じ
（注）既に新事業分野に進出しているか新事業分野への進出を計画中の企業

ループで共同で実施」「大学、研究所等の外部機関と共同で実施」「工業試験所等の公設機関の利用」を技術開発体制としている企業では「新事業分野に進出済・検討中」の企業の割合が、そうでない企業より有意に高い。それ以外の「親企業からの技術指導」「親企業との相互技術協力」「親企業以外の提携企業との相互技術協力」「同業者の組合等で共同で実施」を技術開発体制とする企業においては有意な差がない。自立して技術開発を行う企業、異業種企業や外部機関などと共同で開発に取り組む企業の方が新事業に積極的に取り組んでいる様子が窺われる。反面、親企業に技術開発面で依存している場合や、同業者が集まって行う共同研究は新事業と結び付きにくい。

(3) 新たに進出する事業分野

新たに進出する事業分野についてみると（図表3－5）、2018年調査では「産業用・業務用機械関連」

図表3－4　技術開発体制別の有無別新事業分野への進出割合（2018年調査、複数回答）

（%）

技術開発・新製品開発体制	開発体制あり	開発体制なし	差の検定	観測数
自社単独で実施	37.3	31.0	**	1,603
親企業からの技術指導	31.3	36.2		1,603
親企業との相互技術協力	32.7	36.4		1,603
親企業以外の提携企業からの技術指導	44.6	34.6	**	1,603
親企業以外の提携企業との相互技術協力	37.3	35.2		1,603
同業者の組合等で共同で実施	29.7	35.8		1,603
異業種交流グループで共同で実施	52.6	34.4	***	1,603
大学、研究所等の外部機関と共同で実施	52.2	34.4	***	1,603
工業試験所等の公設機関の利用	45.4	33.1	***	1,603
その他	32.4	35.5		1,603

（資料）図表序－1に同じ
（注1）既に新事業分野に進出しているか新事業分野への進出を計画中の企業の割合
（注2）＊＊＊は「開発体制あり」の企業と「開発体制なし」の企業との間に1％水準、＊＊は5％水準で有無な差がみられる項目

図表３－５　新事業分野に進出または検討中の主な分野について（２つまで複数回答）

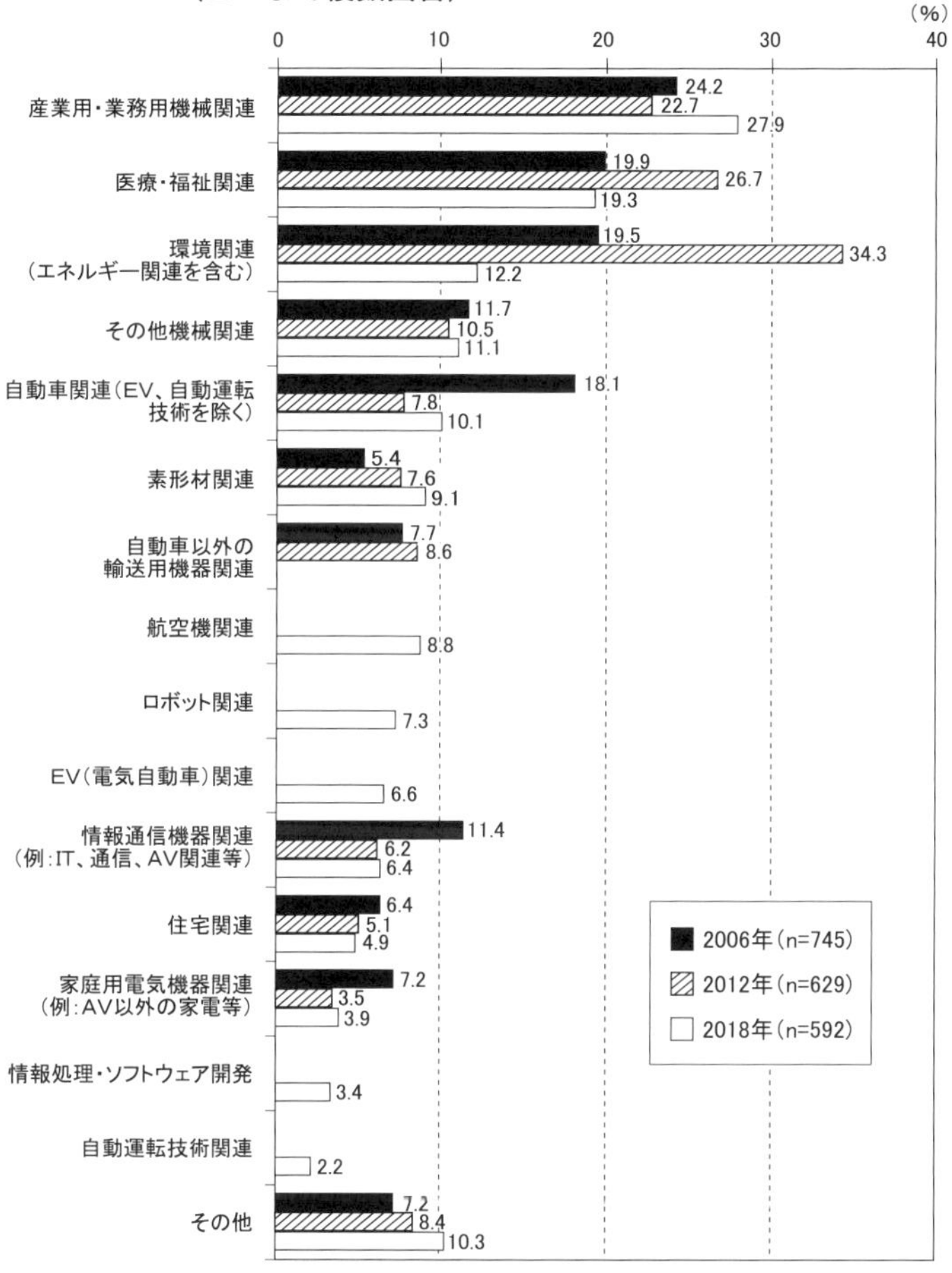

（資料）図表序－１に同じ
（注１）2012年調査の「自転車以外の輸送用機器関連」は2018年調査では「航空機関連」「ＥＶ（電気自動車）関連」「自動運転技術関連」に分割した　（注２）「産業用・事業用機械関連」は2012年は「産業用機械関連」として調査
（注３）「既に新事業分野に進出している」または「新事業分野への進出を検討中」と回答した企業につき集計

（27・9％）、「医療・福祉関連」（19・3％）、「環境関連（エネルギー関連を含む）」（12・2％）、「その他機械関連」（11・1％）、「自動車関連」（10・1％）が10％を上回った。2018年調査から選択肢に加えた「航空機関連」が8・8％、「ロボット関連」が7・3％、「EV（電気自動車関連）」が6・6％で、「自動運転技術関連」は2・2％にとどまった。こうした先端分野への進出または検討中の企業の割合はいずれも10％に満たない。

進出分野の時系列の動きをみると、2012年に大幅に上昇した「環境関連（エネルギー関連を含む）」（34・3％→12・2％）と「医療・福祉関連」（同26・7％→19・3％）が低下した。「環境関連」は再生可能エネルギーに関連した太陽光発電への関心が剥落したことが影響していると考えられる。[9]「医療・福祉関連」は2018年は低下したものの、2006年とほぼ同水準の20％近い割合があることから、依然として一定の関心を集めている。

次に「航空機関連」「ロボット関連」「EV（電気自動車）関連」「自動運転技術関連」の先端4分野に進出済・検討中の企業の特徴をみてみよう（**図表3－6**）。業種別にみると、自動車部品では「EV関連」と「航空機関連」がいずれも16・4％あるが、「自動運転技術関連」は5・5％にとどまる。「航空機関連」は鉄鋼・非鉄・金属製品やはん用・生産用機械といった自動車部品以外の業種の割合も比較的高い。「ロボット関連」ははん用・生産用機械が8・8％と最も高いが他の業種と大きな差はない。

先端4分野への進出済・検討中の企業は自社の技術水準をどのようにみているのだろうか。「航空機関連」に進出済・検討中の企業では「自社の技術水準が同業他社を上回る」とする企業が77・３％を占めているが、それ以外の企業では「自社の技術水準が同業他社を上回る」とする企業は60・７％となっている。同様に、「ロボット関連」に進出済・検討中の企業では「上回る」とする企業が67・６％、それ以外の企業では61・８％となっている。また、「ＥＶ関連」では「上回る」とする企業が70・６％、それ以外の企業で61・６％、「自動運転技術関連」進出済・検討中の企業では83・３％、それ以外の企業では61・７％となっており、先端４分野に進出済・検討中の企業の方がそれ以外の企業よりも「自社の技術水準が同業他社を上回る」とみている割合が高い。先端分野への進出には技術力の高さが必要とみられる。

以上をまとめると、中小機械・金属工業の新事業分野への進出は、本業でのものづくりを応用した関

図表３－６　業種別先端４分野への進出または検討中の企業割合
（2018 年調査、２つまで複数回答）

（%）

	EV（電気自動車）関連	自動運転技術関連	航空機関連	ロボット関連	回答企業数
鉄鋼・非鉄・金属製品	4.6	1.9	8.8	7.4	216
はん用・生産用機械	5.4	0.0	8.2	8.8	147
電子部品・電気機械	2.3	2.3	5.7	6.8	88
自動車部品	16.4	5.5	16.4	5.5	73
その他	10.2	2.0	4.1	4.1	49

（資料）図表序－１に同じ
（注）その他輸送用機械部品はサンプル数が 19 と少ないため、記載を省略した

連分野への進出志向が強いといえる（**事例e　株式会社ミヤサカ工業、事例a　横浜電子株式会社（第1章）**参照）。進出体制は既存の経営資源の利用が中心である。また、航空機やＥＶなど先端分野に進出している企業は、本業の業種がその分野に近くかつ技術力に優れていることが多く、素材産業からの新規参入や業種を跨いだ進出（電気機械産業から電気自動車事業への進出など）はロボット関連への進出を除きそれほどみられない。

なお、これら先端分野の最終製品はさまざまな部品からなる高度な機械製品であるため、その発達には、組立メーカーに部品を供給する膨大な裾野産業の存在が欠かせない。航空機やロボットはある程度製品分野として確立しているものの、ＥＶや自動運転技術関連は製品のライフサイクル上、導入期[10]にあると思われ量産化に至らない段階のため、サプライチェーンの裾野は小さく、今後の広がりが期待される。

④ 主力納入先の変更～意図せざる新事業展開

受注生産が中心の中小機械・金属工業では、それまでの主力納入先からの受注が減少し、異なる業種の別企業を新たな主力納入先とするケースがみられる。製品のライフサイクルが衰退期に入った場合やコスト削減目的で海外調達にシフトする場合が典型的である。こうした場合は、元の主力納入先の同業者でも同様な状況にある可能性が高く、新しい主力納入先にそれまで納入していた部品と同じものをそのまま納品することは稀である。仮に納入品のカテゴリーが主力納入先の変更前後で同じであるとしても、納入先の要望により材質、加工技術、品質などで変更となることが多く、既存の設備や製造ノウハウでは対応できない可能性が高い。更に、メンテナンス等新たなサービスの発生や、既存のサービス内容の変更も想定されよう。

新旧主力納入先が求める製品・サービスの違いが大きく、自社がカバーしていない分野が相応に含まれていれば、たとえ産業分類上の業種を跨がなくても、「新事業展開」とみなすのが適当であろう。このような新事業展開は、事業計画によるものではなく新しい主力納入先の要望に沿ったものであることから一見受動的で、企業の戦略的判断が介在していないようにみえる。しかし、競争力の観点からいえば、潜在的な顧客を満足させ、継続的取引を開始するためには、動的な対応力を要する。その意味でこうした動きは製品のライフサイクルや納入先の調達構造の変動を感知して能動的に対応した帰結であるともいえる。中小製造業においては、ある程度の期間、例えば10年単位でこうした構造変化が起こることがあり、こうした事態に対して柔軟に対応することが求められる（事例f　B社、事例d　A社（第2章）参照）。

事例e　株式会社ミヤサカ工業

所在地	長野県茅野市　設立　1990年（創業1985年）
資本金	1000万円　従業員　45名
事業内容	センターレス研削、ワンタッチ給油栓・浄水器等製造

1．沿革

極細金属線の切断事業者として現会長により1985年に創業。インクジェットプリンタ向け部品加工の受注が発生したことを機に1990年よりセンターレス研削に主力を移した。センターレス研削業者としての事業の傍ら、2003年に給油コック技術を応用した初の自社開発製品となるワンタッチ給油栓「コッくん」の製造・販売を開始した。その後、2012年に灯油ポリタンク専用コック「コッくんトーユ」、2013年に水ポリタンク用コック「コッくんウォーター」、2016年に非常用本格浄水器「コッくん飲めるゾウ」の製造・販売を開始し、現在に至る。

2．事業の概要

当社の売上高のうち約70%はセンターレス研削関連で、現在では自動車部品向けが大半を占める。残り30%は自社開発製品（「コッくん」「コッくんトーユ」「コッくんウォーター」「コッくん飲めるゾウ」）による。自社開発製品であるコッくんシリーズの販売先は事業会社向けの業務用が多いが、防災用として自治体、学校、自治会、集合住宅、個人向けの需要も増加している。自社開発製品の売上高はワンタッチ給油栓「コッくん」の割合が最も高いが、売上高の伸び率は非常用本格浄水器「コッくん飲めるゾウ」が最も高い。なお、「コッくん飲めるゾウ」は千人規模の需要を満たすものから個人向けまで品揃えを拡大している。

利益はセンターレス研削と自社開発製品がそれぞれ半分を占めている。自社開発製品の利益率が高く、当社の収益の柱に成長している。

３．自社製品開発の経緯と開発体制

当社はセンターレス研削を行っている業種柄、潤滑油を容器に移し替える際の油漏れに悩まされてきた。これを防ぐため、ペール缶などから別の容器への移し替えの際にワンタッチで液漏れなく移し替えることができるコックを社内で開発した。この工夫を企業向けに商品化したものがワンタッチ給油栓「コッくん」である。「コッくんトーユ」「コッくんウォーター」はこの延長線上にあり、用途を拡張したものである。

「コッくん飲めるゾウ」は災害ボランティアの経験から生まれた製品である。２０１５年秋に北関東や東北地方を襲った豪雨（平成27年9月関東・東北豪雨）の際、当社はコッくんシリーズのなかでも浄水器が役に立つと考え、会長をはじめ数人が茨城県にボランティア活動に参加した。被災地で支援活動を行ってみると、事前の予想とは異なり、期限切れミネラルウォーターや雨水、

風呂水、プールの水などそのままでは直ちに飲用に供することができない水を飲める状態にすることの必要性が高いと感じた。そこで当社は逆浸透膜[13]を使用した浄水器「コッくん飲めるゾウ」を開発し、防災用として販売を開始した。展示会における製品への評価は高かったものの、高価格がネックとなり売上が伸び悩んだことから、浄水機能に絞り込んだ低価格バージョン「コッくん飲めるゾウミニ」を投入したところ、認知度と売れ行きが高まった。現在、「コッくん飲めるゾウ」シリーズは自社開発製品のなかでも最も高い伸びを示している。

当社の新製品開発スタンスは、「世の中が困っていることの解決策を製品として形にする」という点に集約される。アイデアは創業者で現会長の宮坂義政氏の発案による。同氏は工場事務所の片隅を作業場とし、アイデアが浮かぶとそこで製品化の構想を練る。会長の作業場は従業員の往来が多いので開発過程は社内でオープンになっている。

組織の体制として社内に新規事業部は存在するものの、部員は3名であり同部で全面的に新製品の開発から販売までを一手に担うものではない。むしろオープンな製品構想過程への当社幹部の関与により、他部署の人材がインフォーマルに参加して開発過程を担う場合が多く、中小企業ならではの機動性が生かされている。

4．自社製品のマーケティング

自社への直接受注とインターネットの販売サイト（アマゾン、楽天、ヤフー等）を主な販売媒体としている。ホームセンターには原則として商品を置かない。ホームセンターは値引き要請があり当社の利幅が圧縮されるためである。自社製品の販売促進は、個人向けと企業・団体向けに分けて行っている。個人向けは防災意識に訴えるため新聞広告を行っている。また、販売サイトの口コミを参考に購入に至るケースが多く、間接的に効果的な宣伝になっている。企業・団体向けはインターネットのほか、防災関連商品を得意とする商社を通したものが多い。商社は広告などのマーケティングが浸透しにくい地域の町内会などにもネットワークを有しているので、その利用は販売推進上有用である。

事例f　B社

所 在 地	大阪市　　　　設　立　1961年
資 本 金	2025万円　　従 業 員　27名
事業内容	各種機械部品の成形加工、二次加工・ユニット組立

1．事業の概要

電力設備機器、製造機械装置、工作機械、制御機器、医療診断機器、介護福祉機器、通信機器、自販機部品、鉄道保安機材、建築資材など多様な部品の製造を手掛ける。近年では制御機器や製造機械装置向けの需要が多い。製品の性格上、多品種少量生産が中心であり、同じ部品を月単位で製造することは少ない。また、生産は基本的に手持ちの金型で対応できる製品に限られること、当社の手掛ける製品が多品種少量生産のため設備や人員の稼働が一定でないことから、同業他社との間で生産の委託・受託を行うこともある。

2．主力納入先との関係

当社の主力納入先である大手家電メーカーの当社の生産活動への関与の度合いは弱まっている。発注企業は同じでも発注部署が家電関連から制御機器や電子部品、旅客機用通信機器などに移行するなかで、発注者からの仕様や技術面での指示が以前ほど細かくなくなっている。これは部品企画、設計、製造に関し下請企業に任せる余地が増大したというよりも、発注企業側に生産工程に精通した中堅クラスの人材が不足[14]していることにより発注担当者が若年化し、その指示能力が低下した側面が大きい。これは発注企業の設計過程を下請中小企業が補って、具体的な製品として発注側を納得させる形が常態化していることを意味する。

当社は医療機器メーカーとも取引があるが、医療機器は厳格な許認可や法規制をクリアして製品化することが必要なため、下請中小企業の技術協力や提案が不可欠な状況で、中小企業にも法律の知識が求められる。部品の製造仕様を下請企業にきちんと指示できるのはいまや自動車製造業などごく一部に限られ、多くの部品の下請製造における顧客主導の擦り合わせの余地は低下していないのではないか。中小企業からの技術提案能力はこれまで以上に求められているといえよう。

3．多品種少量生産型少人数企業のＩＴ対応

当社のような人数規模で多品種少量生産企業の場合、高度なＩＴ対応の必要性は乏しいと思われる。特に事業所が１か所の場合、生産・経理・販売間の情報共有はFace to Faceでの対応が有効で、各自にＩＴ機器を持たせて情報を共有化する必要性はない。

ＩoＴに関しては、一般論として生産工程の見える化に関して製造計画、工程管理、金型の変更管理では有効であろう。ただ、当社では対応の必要性は乏しい。成形業界では工程管理に工程

表、管理表などといわれる表を用いて管理するのが普通で、当社の人数規模であれば表の作成管理はエクセルで事足りる。従業員への周知はマグネットボードを使う方が効率は良い。

少人数の企業でIoTが有効なのは例えば機械を1週間～1ヵ月程度連続操業させて同じ製品を作ることが多い企業であろう。この場合、稼働率や生産量を時系列データとして可視化することで生産効率の改善を図るニーズが発生する。少人数の同業者で製造装置にIT機器を組み込むのはこのような企業に多いように感じる。また、技能の見える化ニーズが高い企業も装置のIT化を図る傾向が強いようである。

サプライチェーン内での発注企業と下請企業との間の垂直的なIoTに関しては、当社と取引のある大手メーカーやその周辺をみる限り、推進の動きはみられない。このようなIoTはサプライチェーンの川上の大企業主導で行われると考えられるが、大企業は下請企業とのシステム接続時のセキュリティの安全性が確認できないとしてまだ消極的なようである。

4．成形業界における事業戦略

産業向けと家庭用品向けとで性格が異なる。前者は基本的に多品種少量生産で、同一製品の生産期間は比較的短期間である。これに対し後者は量販店（100円均一ショップなどが多い）で販売される。商品の寿命は短い（売れなければ生産停止）ため生産期間は概して短いものが多い。海外生産を中心としているが、販売見込みによっては、当初から採算を確保するため運送費が安い国内業者向けに発注されることも多く、かつ大ロットの発注となる。[15] 中小の成形業者では産業向けと家庭用品向けとの両立は難しく、このいずれかに特化することが多い。

産業向け成形業界は発注企業からの注文があって初めて生産が成り立つ業界なので、新事業展開の余地は小さい。むしろ、どの業種、どのような製品向けの成形に重点を置くかという選択が重要である。前述のように個々の商品に対する需要の変動が激しいので、主力納入先の変更は常に視野に入れる必要がある。難度の高い工程になるほど良質な金型[16]を数多く制作できるかが決定的に重要である。当社では実績のある信頼性の高い金型メーカーに製作を外注[17]しているが、メンテナンスのために外注先と協力して設計図面を保管しておくといった基本的な事項は疎かにできない。

5. 事業承継と人材確保

当社では20年前に先代社長（現社長の実父）から現社長が事業を引き継いだ。共同経営の時期を経て現社長に完全に代替わりしたことと前後して先代社長を支えてきた古参の幹部社員が相次いで退職し、一時は管理職層抜きの社長と社員の二層構造を余儀なくされた。この構造は人員規模の小さい企業では多くみかけるケースであるが、社長の負担が過度に重くなり、組織効率は低い。企業の存続と成長を図るうえで望ましい体制とはいえなかった。

そこで当社では管理職として機能する社員を中途採用で補充した。人選にあたっては人材紹介会社を利用し、給与水準も高めに設定した。現在管理職は４名在籍しており、社長・管理職・社員の３層構造のもと社長の負担が軽減され、組織の効率が向上した。

1 特に製造業は、国際分業構造のなかで産業構造を最適化させる動きといえるが、これは必ずしも一国経済が自律的・安定的な成長を遂げることができることを保証するものではないことには注意が必要である。

2 中小企業庁「２０１１年版中小企業白書」。

3 アンケート調査では進出業種を尋ねているので、①のプロダクト・イノベーションに限定される。

4 商工中金（２０１７）「中小企業の創業・新事業展開・事業承継等に関する調査」によると、多角化を実施した中小企業のうち、既存事業と相乗効果があったとする割合は59・０％であった。

5 中小企業庁「２０１３年版中小企業白書」によると、新事業展開（多角化及び事業転換）を実施・検討した中小企業のうち「うまくいかなかった新事業がある」とする割合が49・６％ある。

6 中小企業庁「２０１３年版中小企業白書」による。ただし、新事業展開を行う割合は多角化、事業転換いずれも企業規模が大きい方が高い。

7 従業員数１０１人以上を大規模、21人以上１００人以下を中規模、20人以下を小規模とした。

8 中小企業庁「２０１８年版中小企業白書」によると、日本のM&A市場が拡大するにつれ、新事業展開・異業種への参入を目的とするM&Aの割合も高まっている。

9 環境関連は事業内容の詳細を尋ねていないが、２０１２年調査当時は再生可能エネルギーの固定価格買取制度実施直後で太陽光発電システムへの新規参入が相次いだ時期であったこと、その後買取価格が段階的に引き下げられるにつれ参入の動きは下火になったことが関連しているとみられる。

10 製品のライフサイクルは導入期、成長期、成熟期、衰退期の４期に分かれる。導入期は製品を市場に投入し売上の拡張を図る時期にあたる。

11　固定されたブレード（支持受け台）、回転する研削砥石、調整砥石の三者で工作物を支持し外周を研削する方法。工作物に回転のためのセンタ穴を必要としないため、研削盤への工作物の取り付けが不要であり、量産に適する。また、工作物全体が支持されているため、研削抵抗によるたわみが少なく、精度の水準を一定に保つことが可能となる。

12　ポンプ型は缶からの抜き取りの際に液が漏れやすいため、コック型を採用した。

13　濾過膜の一種で、水を通し水以外の不純物を通さない。

14　１９９０年代前半以降の持続的な景気停滞の影響で採用が絞り込まれた影響で、家電メーカーにおいても30～40代の中堅クラスの従業員が相対的に少ないとされる。

15　ロングラン製品に成長した場合は長期大ロットの生産となり、中国の製造業者に発注を切り替える場合が多い。

16　個々の金型は1つの製品に対応するもので汎用性はない。このため個々の金型をきちんと管理しておかねばならず、その負担は企業にとって大きい。

17　金型メーカーでも後継者不足が問題となっており、継続して自社の金型の保管に協力してもらえる企業を確保しておくことは重要な課題である。

補章　中小機械・金属工業の競争力の源泉 他

❶ 中小機械・金属工業の競争力の源泉に関する計量分析

日本の機械関連メーカーは１９８０年代の円高を機に海外生産へのシフトを強め、特に１９９０年以降は中国をはじめとするアジアでの生産を推進してきた。海外生産の拡大は日本企業の海外への技術移転を伴い海外部品メーカーの技術的キャッチアップが進んだこともあり、日本国内において「産業の空洞化」をもたらし、中小企業数の減少の一因となった。

しかし、機械類は依然として日本の輸出産業として重要な地位を占めている。このことは、アジア諸国と比べ製造コスト面で不利なうえ、技術格差も縮小している状況においてもなお国内で生産することに優位性が存在することを意味する。この優位性の背景には、産業を下支えする優秀な中小機械・金属工業の存在があると考えられる。それでは、中小機械・金属工業の優秀性は何を源泉とするものなのだろうか。本節では国内同業他社と比べ競争力を有する企業の競争力の源泉を2018年のアンケート調査データを基に探ることによりそれを明らかにする。

(1) 競争力の概念と競争力の要素

藤本隆宏は「生産マネジメント入門Ⅰ(生産システム編)」(日本経済新聞社)のなかで、競争力を「その企業が提供する製品群ないし個別製品が、既存の顧客(すでに買って使っているユーザー)を満足(Satisfy)させ、かつ潜在的な顧客(まだ買っていないが考慮中の人)を購買へと誘引する力のこと」と定義した。

この定義は直感的に理解しやすい一方、競争力の源泉を探るうえでは一般的過ぎ、そのままでは分析には適さない。同書で挙げている生産管理における競争力の切り口である品質(Quality)、コスト(Cost)、納期(Delivery)の3要素を製造業の現場にあてはめて具体的に考えてみよう。「良い製品を」(品質)、「できるだけ低価格で」(コスト)、「納期を守って(もしくは短い納期で)」(納期)生産することとなろう。なお、最後の納期については、単品の納入でない限り発注者が求める納入量を満たしていることが前提となる。こうした要素が前述の定義における「既存の顧客の満足」と「潜在的な顧客の誘引」の達成につながることは容易に理解できよう。なお、機械・金属工業は耐用年数の長い製品を製造しており、製造物責任の観点から製品納入後のフォローアップも重要である。そこで本書では、製造時点の3つの切り口のほか、保守・メンテナンスなどのフォロー態勢も加える。

藤本は3要素に加え、フレキシビィティ（Flexibility）という要素を挙げている。これは品質、コスト、納期が外的要因によってマイナスの影響を受けない度合いのことを意味し、3要素の背後で機能する。このフレキシビリティは3要素と並列的な概念ではなく回答企業にとって評価が難しいと考えられることから、調査では項目に含めておらず、本書でも分析の対象としない。

一方、競争力の源泉としてはどのような要素があるだろうか。これを経営要素に還元して分析するのは容易でない。ヒト、モノ、カネ、情報といった経営要素を組み合わせて品質、コスト、納期などの対応力にどのように結び付けるか、そして最終的には既存の顧客の満足と潜在的な顧客の吸引にどう結び付けるかを分析するとしよう。その場合、例えば部品の受注生産を行う企業にとって、品質面での競争力を獲得するためには①高性能の生産機械を、②スキルの高い技能労働者が、③正確で無駄のない方法で操作することが必要となる。経営要素同士の相互作用を考慮に入れる必要があるため、個々の経営要素に還元して分析することは困難である。

(2) 競争力の源泉を分析する枠組み

本節では競争力の源泉について、品質や納期など個々の目的を達成できる技術力・生産管理力を中心に捉え、これに先端的分野や自社製品の製造に進出する場合に必要となる技術開発力や情報を取り扱う能力を加えて分析を行った。これ以外に、地理的な近さや長期間の取引関係による信頼関係、資本や人的な関係性といった定性的要因も既存の顧客の満足につながりうるため、分析の対象としている。また、限られた経営資源をどのような機能に振り向けているかということも重要であるため、保有する生産機能についても対象としている。

以上は企業が既に保持している経営資源から競争力をみるものであるが、持っているものが不十分である、或いは競争力を高める方向に寄与していないと企業が判断する場合には、何らかの戦略を採る必要がある。既存顧客を満足させたり潜在的顧客を誘引するための選択肢として、経営資源に関しては、質の改善を図る、新たな経営資源を追加する、経営資源の組み合わせ方を変更するといったことが考えられる。また、潜在的顧客を誘引する手段として、その企業にとって新しい市場に進出するという選択肢もある。

競争力を高める、或いは新たに競争力を獲得するためには、ある程度長期的視野に立った経営戦略の策定が必要となる。本節では競争力を高める経営戦略として、①新事業展開（第2章）、②海外展開（第3章）、③IT化（第1章）の3つを取り上げて分析した。新事業展開は経営資源の組み合わせの変更や、新市場への展開、新製品への取り組みにより、主には潜在的な顧客を誘引するものであるが、既存顧客のニーズ変化への対応として行う場合もある。海外展開は経営資源の追加、海外という新市場への進出を通し、主に海外の既存顧客の満足や潜在的な顧客の誘引を図るものである。経営資源の組み合わせ（現地労働者雇用）によりコストを削減する効果も持つ。IT化は経営資源の改善・追加、経営資源の組み合わせの変更を通じ情報共有、経営の効率化、意思決定の迅速化、ノウハウの可視化、生産工程の管理などを行うものである。製品やサービスの品質向上、コストの削減、納期の順守と短縮化、保守・メンテナンスの充実など多方面の効果が期待できる。アクセスの簡略化、短期化により既存顧客の満足を高めるとともに、対面以外のアクセス手段を強化することで遠隔地等の潜在顧客の誘引も可能となる。

なお、経営資源の改善に直接働きかける手段として、ヒトに関しては増員、人材開発、モノに関しては設備投資がある。これらは最も一般的な手段であり、他社との差別化が図れるかはやるかやらないかの選択[1]よりも、手段の巧拙が問題となる。アンケート調査は構造変化を中心に質問を行ったもので、人材や設備への具体的対応を個別に調査したものではないことから、本節では採り上げない。[2]また、規模の経済もしくは範囲の経済の効果を目指して事業の水平統合或いは垂直統合を図る戦略（経営資源の追加）としてM＆Aも考えられるが、市場の未発達[3]もあって中小企業では一般的な手段とは言い難いので本節では触れない。

（3）競争力の指標と分析方法

本節では競争力の指標として、「総合指標」と「項目別指標」の2通りを定めた。総合指標は、「技術水準」「コスト対応力」「納期対応力」「保守等アフターサービス」の4項目を統合し単一の指標としたものである。

項目別指標は、総合指標の構成要素である「技術水準」「コスト対応力」「納期対応力」「保守等アフターサービス」の4項目それぞれを指標化したものである。前掲の藤本の定義における競争力の切り口に即していえば、「技術水準」が品質に、「コスト対応力」がコストに、「納期対応力」が納期に対応する。「保守等アフターサービス」は納入後の買い手に対するフォロー体制として重要であるとの考えに基づき追加したものである。

具体的な指標の作成方法は以下の通りである（**図表補1－1**）。アンケート調査では回答企業自身と国内同業他社との比較を、「技術水準」「コスト対応力」「納期対応力」「保守等アフターサービス」の4項目について、「上回る」「やや上回る」「同程度」「やや下回る」「下回る」の5段階のどれにあてはまるかを尋ねている。総合指標は、上記4項目それぞれにおいて「上回る」「やや上回る」という回答をその項目において競争力のある状態とみなし、企業毎に競争力のある項目の数を合計したものを、その企業の競争力の指標とした（全部で4項目なので0から4までの整数値をとる）。

項目別指標については、4項目それぞれについて「上

図表補１－１　競争力の指標

○総合指標（企業別に集計）

技術水準	コスト対応力	納期対応力	保守等アフターサービス	競争力	4つの項目のうち競争力のある項目の数
「上回る」 「やや上回る」	「上回る」 「やや上回る」	「上回る」 「やや上回る」	「上回る」 「やや上回る」	↑ あり	↓ 総合指標 （最大値4、最小値0）
「同程度」 「やや下回る」 「下回る」	「同程度」 「やや下回る」 「下回る」	「同程度」 「やや下回る」 「下回る」	「同程度」 「やや下回る」 「下回る」	↓ なし	

「上回る」「やや上回る」を回答した場合に競争力がある項目とみなし、
その項目数を企業の競争力の総合指標とした

○項目別指標（項目別・企業別に集計）

項目	集計方法	値
技術水準	「上回る」5点、「やや上回る」4点、「同程度」3点、「やや下回る」2点、「下回る」1点で各項目を集計 ↓ 項目別指標	最大値5、最小値1
コスト対応力		最大値5、最小値1
納期対応力		最大値5、最小値1
保守等アフターサービス		最大値5、最小値1

（資料）江口政宏「中小機械・金属工業の競争力の源泉に関する計量分析」（商工金融 2019 年 12 月号）

回る」を5、「やや上回る」を4、「同程度」を3、「やや下回る」を2、「下回る」を1として、1点刻みで回答を点数化したものを項目毎の「競争力」とした。

説明変数については、①企業自身が考える自社の特徴に関する変数、②納入先との取引条件に関する変数、③企業自身が選択する戦略的対応に関する変数を採用した。

まず、①の自社の特徴に関する変数は以下の3指標を用いる（**図表補1－2**）。1つ目の変数は、企業の生産技術機能である。これは各企業が生産や技術開発を行うにあたって、企画開発段階から生産段階に至るまでにどのような機能を備えているかを、その保有の有無で示したものである（7機能、複数回答）。

2つ目の変数は自社の強みである。各企業がどのような強み（18項目、3項目まで複数回答）を持っているか自己評価したものである。強みは、技術開発に関するもの、技術管理・生産管理に関するもの、販売促進に関するものの3つのカテゴリに分類される。

3つ目の変数は、主力納入先が自社に発注する理由としてどのようなことが考えられるかということである（10項目、3項目まで複数回答）。発注理由は納入先との関係に関するものと、技術管理・生産管理に関するものの2つのカテゴリに分類される。

②の納入先との取引条件に関する変数については、研究開発の方法、設計関与度、納入単価の決定方法の3指標を用いる。研究開発の方法は開発が自社主導か、納入先・関係先主導か、或いは納入先以外との共同関係において行われるかの3つのカテゴリに分類される（**図表補1－3**）。

図表補１－２　自社の特徴に関する変数

○生産技術機能

項目名	カテゴリ
製品の企画・開発機能	企画・開発段階
設計・デザイン機能	企画・開発段階
試作・試験機能	企画・開発段階
生産システム・工程等の改善機能	生産段階
使用生産機械の内製機能	生産段階
新技術・加工法の開発機能	生産段階
多品種生産に応じた柔軟な生産システム機能（FMC, FMSなど）	生産段階

○自社の強み

項目名	カテゴリ
独自の新製品開発力	技術開発
短納期生産のための技術力・生産管理力	技術管理・生産管理
多品種少量生産のための技術力・生産管理力	技術管理・生産管理
コストダウンのための技術力・生産管理力	技術管理・生産管理
製品の設計・デザイン力	技術管理・生産管理
試作から量産まで対応できる幅広い加工技術・生産管理能力	技術管理・生産管理
製品の安定供給、品質確保のための技術力・生産管理力	技術管理・生産管理
親企業への技術提供力、提案力	技術管理・生産管理
特殊な加工技術・ノウハウの開発力	技術開発
先端技術に関する研究開発力・応用力	技術開発
地球環境問題への対応力	技術管理・生産管理
ユニット化・モジュール化への対応力	技術管理・生産管理
営業・販売力	販売促進
顧客・取引先からの情報収集能力	販売促進
自社の製品・技術に関する情報の発信能力	販売促進
ロボットの活用	技術管理・生産管理
AI（人工知能）の活用	技術管理・生産管理
その他	

○主力納入先が自社に発注する理由

項目名	カテゴリ
資本・人的関係	納入先との関係
取引実績による信頼関係	納入先との関係
距離的に近いこと	納入先との関係
コスト対応力	技術管理・生産管理
品質が優れていること	技術管理・生産管理
専門技術、特殊な加工設備を持っていること	技術管理・生産管理
技術開発力、提案力	技術管理・生産管理
納期の厳守・短納期への対応	技術管理・生産管理
多品種少量生産への対応力	技術管理・生産管理
その他	

（資料）図表補１－１に同じ

「自社単独で実施」「親企業からの技術指導」「親企業との相互技術協力」「親企業以外の提携企業からの技術指導」「親企業以外の提携企業との相互技術協力」「同業者の組合等で共同で実施」「異業種交流グループで共同で実施」「大学、研究所等の外部機関と共同で実施」「工業試験所等の公設機関の利用」「その他」からの複数選択である。

③の戦略的対応に関する変数については、海外生産の有無、新事業展開の有無、IT利用度の3指標を用いる。海外生産の有無、新事業展開の有無は「有」を1、「無」を0とするダミー変数である。IT利用度に関しては、既に情報化ツールは中小企業に幅広く普及していることから（第1章3節1項参照）、現在ITを利用する目的として挙げている項目の数（同第2項、3項参照。最大20）を活用度合いの代理変数とした。

なお、説明変数においては業種を外生変数化するため、12業種からなるダミー変数を使用している。

図表補1－3　研究開発の方法

項目	カテゴリ
自社単独で実施	自社主導
親企業からの技術指導	納入先・関係先主導
親企業との相互技術協力	納入先・関係先主導
親企業以外の提携企業からの技術指導	納入先・関係先主導
親企業以外の提携企業との相互技術協力	納入先・関係先主導
同業者の組合等で共同で実施	納入先以外との共同関係
異業種交流グループで共同で実施	納入先以外との共同関係
大学、研究所等の外部機関と共同で実施	納入先以外との共同関係
工業試験所等の公設機関の利用	納入先以外との共同関係
その他	

（資料）図表補1－1に同じ

（4）分析結果

①生産技術機能

競争力の総合指標と生産技術機能の保有の有無の関係について順序プロビット分析を行ってみると（図表補1－4）、「新技術・加工法の開発機能」（保有割合27・2％）、「多品種生産に応じた柔軟な生産システム機能」（同26・3％）の2機能のみが正に有意な関係があり、他の5機能は有意な関係性を持たない。有意な2機能は既に生産を行っている製品の生産段階に関するものである点において、継続的な生産活動と密接に繋がった機能が競争力につながりやすいことを意味している。こうした関係は、中小製造業の競争力が独自の研究開発によってよりも、サプライチェーン内での円滑、効率的な生産への貢献によって生じることを示唆するといえよう。

それ以外の機能を持つことは競争力にプラスに作用するとはいえない。特に保有割合が40％を超える「設計・デザイン機能」（同42・8％）、「試作・試験機能」（同51・3％）、「生産システム・工程等の改善機能」（同45・9％）は軒並み競

図表補1－4　競争力の総合指標と生産技術機能（順序プロビット分析）

生産技術機能	回帰計数
製品の企画・開発機能	0.098
設計・デザイン機能	0.070
試作・試験機能	−0.007
生産システム・工程等の改善機能	−0.079
使用生産機械の内製機能	−0.001
新技術・加工法の開発機能	0.380 ***
多品種生産に応じた柔軟な生産システム機能（FMC, FMSなど）	0.329 ***
対数尤度	−1972.35
χ二乗検定	82.61 ***
観測数	1,256

（資料）図表補1－1に同じ
（注1）定数項、業種ダミー変数12個は記載を省略
（注2）数値は回帰計数。有意水準：＊＊＊1％、＊＊5％、＊10％

争力と有意な関係がない（後２者は回帰計数が負）ことについては、保有割合の高い機能は差別化しにくい、換言すれば機能にある程度希少性がなければ差別化に繋がらないことを示唆する。

　競争力の項目別指標と生産技術機能との関係についてみると（**図表補１－５**）、競争力の総合指標との相関で有意な２機能のうち、「多品種生産に応じた柔軟な生産システム機能」（保有割合26・３％）は４項目すべてで、「新技術・加工法の開発機能」（同27・２％）は技術、納期への対応力、保守等アフターサービスの３項目で回帰計数が正に有意である。これらの２機能は項目別競争力を全体的に高める重要な機能といえる。

②自社の強み

　競争力の総合指標と自社の強みとの関係をみると（**図表補１－６**）、18項目中14項目で正に有意な関係が観察される。技術開発、技術管理・生産管理、販売促進という３カテゴリ

図表補１－５　項目別競争力と生産技術機能（順序プロビット分析）

生産技術機能	技術（品質を含む）	コスト対応力	納期への対応力	保守等アフターサービス
製品の企画・開発機能	0.191 ***	−0.066	−0.081	0.185 **
設計・デザイン機能	0.053	0.059	−0.093	0.139 *
試作・試験機能	0.063	−0.032	0.075	−0.022
生産システム・工程等の改善機能	−0.149 **	0.111 *	0.026	−0.108 *
使用生産機械の内製機能	0.037	0.058	−0.006	0.041
新技術・加工法の開発機能	0.607 ***	0.076	0.206 ***	0.366 ***
多品種生産に応じた柔軟な生産システム機能	0.300 ***	0.270 ***	0.244 ***	0.251 ***
対数尤度	−1727.95	−1854.21	−1793.25	−1570.82
χ二乗検定	138.92 ***	49.75 ***	48.21 ***	82.89 ***
観測数	1,350	1,342	1,343	1,263

（資料）図表補１－１に同じ
（注１）定数項、業種ダミー変数12個は記載を省略
（注２）数値は回帰計数。有意水準：＊＊＊１％、＊＊５％、＊10％
（注３）各競争力は「上回る」５－「下回る」１の５段階表示

における偏りはなく、中小企業が技術開発、技術管理・生産管理、販売促進のどこかで強みを持っていれば総合的な競争力に結び付けることができるといえよう。

なお、自社の強みとして挙げる割合の高い「多品種少量生産のための技術力・生産管理力」（保有割合51・2％）、「製品の安定供給、品質確保のための技術力・生産管理力」（同40・7％）、「短納期生産のための技術力・生産管理力」（同40・0％）、「試作から量産まで対応できる幅広い加工技術・生産管理能力」（同32・4％）は回帰計数がすべて正に有意であり、企業が思い描く強みは競争力に直結している。

競争力の項目別指標と自社の強みとの関係をみると、技術では8項目、コスト

図表補1－6　競争力の総合指標と自社の強み（順序プロビット分析）

自社の強み	回帰計数
独自の新製品開発力	0.459 ***
短納期生産のための技術力・生産管理力	0.487 ***
多品種少量生産のための技術力・生産管理力	0.263 ***
コストダウンのための技術力・生産管理力	0.416 ***
製品の設計・デザイン力	0.402 ***
試作から量産まで対応できる幅広い加工技術・生産管理能力	0.291 ***
製品の安定供給、品質確保のための技術力・生産管理力	0.461 ***
親企業への技術提供力、提案力	0.405 ***
特殊な加工技術・ノウハウの開発力	0.469 ***
先端技術に関する研究開発力・応用力	0.715 ***
地球環境問題への対応力	0.620 **
ユニット化・モジュール化への対応力	0.481 ***
営業・販売力	0.455 ***
顧客・取引先からの情報収集能力	0.034
自社の製品・技術に関する情報の発信能力	0.457 ***
ロボットの活用	0.210
AI（人工知能）の活用	−0.152
その他	0.011
対数尤度	−2073.99
χ二乗検定	101.32
観測数	1,327

（資料）図表補1－1に同じ
（注1）定数項、業種ダミー変数12個は記載を省略
（注2）数値は回帰計数。有意水準：＊＊＊1％、＊＊5％、＊10％

対応力では11項目、納期への対応力は12項目、保守等アフターサービスは15項目の強みが正に有意な関係を持つ。技術の競争力を高める強みは技術開発と、技術管理・生産管理のうち技術管理寄りの項目に限定されやすい一方、コストや納期への対応に関して効果がある強みは技術管理・生産管理のうち生産管理寄りの項目を含む幅が広いものとなっている。販売後の事後的な対応能力にあたる保守等アフターサービスでは販売促進を含む更に幅広い強みが競争力の源泉となっている。保守等アフターサービスにおける競争力は開発、生産管理から販売に至る総合的な能力が求められるといえよう。

「独自の新製品開発力」（保有割合23・4％）、「短納期生産のための技術力・生産管理力」（同40・0％）、「試作から量産まで対応できる幅広い加工技術・生産管理能力」（同32・4％）、「特殊な加工技術・ノウハウの開発力」（同14・4％）、「先端技術に関する研究開発力・応用力」（同2・9％）「ユニット化・モジュール化への対応力」（同3・3％）は4項目すべてで正に有意である。「多品種少量生産のための技術力・生産管理力」（同51・2％）、「コストダウンのための技術力・生産管理力」（同16・9％）、「製品の設計・デザイン力」（同15・5％）、「製品の安定供給、品質確保のための技術力・生産管理力」（同40・7％）の4つは3項目で正に有意である。競争力の総合指標とほぼ同様の強みが競争力の項目別指標へもプラスの効果を持っている。

「親企業への技術提供力、提案力」（同6・4％）、「地球環境問題への対応力」（同1・1％）、「営業・販売力」（同5・9％）、「自社の製品・技術に関する情報の発信能力」（同3・7％）は2項目、「顧客・取引先からの情報収集能力」（同4・7％）、「ロボットの活用」（同2・5％）は1項目のみ有意であり、競争力との関連性は限られる。

③主力納入先の発注理由

次に、主力納入先の評価ポイントである発注理由が競争力とどのように関係しているかをみてみよう。競争力の総合指標との関係は（**図表補1－7**）、「品質が優れていること」（発注理由としている割合47・4％）、「専門技術、特殊な加工設備を持っていること」（同27・2％）、「技術開発力、提案力」（同17・5％）、「納期の厳守・短納期への対応」（同49・2％）の4項目が正に有意で、技術管理・生産管理面での評価が競争力に結びつく傾向が強い。このうち「品質が優れていること」「納期の厳守・短納期

図表補1－7　競争力の総合指標と主力納入先の発注理由（順序プロビット分析）

主力納入先の発注理由	回帰計数
資本・人的関係	−0.066
取引実績による信頼関係	0.044
距離的に近いこと	0.008
コスト対応力	0.108
品質が優れていること	0.387 ***
専門技術、特殊な加工設備を持っていること	0.395 ***
技術開発力、提案力	0.360 ***
納期の厳守・短納期への対応	0.306 ***
多品種少量生産への対応力	0.030
その他	0.579 *
対数尤度	−1643.65
χ二乗検定	91.22 ***
観測数	1,057

（資料）図表補1－1に同じ
（注1）定数項、業種ダミー変数12個は記載を省略
（注2）数値は回帰計数。有意水準：＊＊＊1％、＊＊5％、＊10％

への対応」は発注理由として挙げる割合も40%を超える。

納入先との関係に関する3項目（「資本・人的関係」（同7・0%）、「取引実績による信頼関係」（同73・5%）、「距離的に近いこと」（同11・3%））は競争力の強さとは関連しない。特に「取引実績による信頼関係」は70%以上の企業が挙げているが、国内同業他社との比較における優位性には結びついていない。すなわち、取引実績よりも、現実の納入取引にあたっての企業の「実力」が重視されていることがわかる。

主力納入先の発注理由と競争力の項目別指標との関係については（**図表補1－8**）、競争力の総合指標と同様、項目別指標との間でも「品質が優れていることこ

図表補1－8　項目別競争力と主力納入先の発注理由（順序プロビット分析）

	技術（品質を含む）	コスト対応力	納期への対応力	保守等アフターサービス
資本・人的関係	−0.150	−0.038	0.010	0.079
取引実績による信頼関係	−0.048	0.054	0.051	0.119
距離的に近いこと	−0.096	0.028	0.131	−0.130
コスト対応力	−0.108	0.581 ***	0.093	−0.101
品質が優れていること	0.633 ***	0.123	0.270 ***	0.326 ***
専門技術、特殊な加工設備を持っていること	0.574 ***	0.249 ***	0.265 ***	0.250 **
技術開発力、提案力	0.489 ***	0.154	0.257 **	0.457 ***
納期の厳守・短納期への対応	0.157 *	0.128	0.627 ***	0.218 **
多品種少量生産への対応力	0.026	0.020	0.168 *	−0.024
その他	0.681	0.258	0.856 **	0.205
対数尤度	−722.539	−708.805	−754.48	−700.14
χ二乗検定	149.53 ***	55.44 ***	84.27 ***	61.32 ***
観測数	1,166	1,150	1,152	1,063

（資料）図表補1－1に同じ
（注1）定数項、業種ダミー変数12個は記載を省略
（注2）数値は回帰計数。有意水準：＊＊＊1%、＊＊5%、＊10%
（注3）各競争力は「上回る」5－「下回る」1の5段階表示

と」（発注理由としている割合47・4％）、「専門技術、特殊な加工設備を持っていること」（同27・2％）、「技術開発力、提案力」（同17・5％）、「納期の厳守・短納期への対応」（同49・2％）の4項目との相関が強い。

技術では「品質が優れていること」「専門技術、特殊な加工設備を持っていること」「技術開発力、提案力」「納期の厳守・短納期への対応」が、コスト対応では「コスト対応力」「専門技術、特殊な加工設備を持っていること」、納期への対応力は「品質が優れていること」「専門技術、特殊な加工設備を持っていること」「技術開発力、提案力」「納期の厳守・短納期への対応」「多品種少量生産への対応力」、保守等アフターサービスは「品質が優れていること」「専門技術、特殊な加工設備を持っていること」「技術開発力、提案力」「納期の厳守・短納期への対応」と正に有意な関係がある。

図表補１－９　競争力の総合指標と海外生産・新事業展開・ＩＴ利用度

海外生産ダミー	0.025
新事業展開ダミー	0.180 **
IT利用度	0.022 ***
対数尤度	−2003.31
χ二乗検定	35.81 ***
観測数	1,262

（資料）図表補１－１に同じ
（注１）定数項、業種ダミー変数12個は記載を省略
（注２）数値は回帰計数。有意水準：＊＊＊１％、＊＊５％

④海外生産、新事業展開、IT利用度

以下では企業の経営戦略としての海外生産、新事業展開、IT利用度について競争力との関係を探る。海外生産の有無、新事業展開の有無は「有」を1、「無」を0とするダミー変数、IT利用度はITを利用する目的の数[4]（最大20）を説明変数とし、競争力の総合指標を被説明変数とする順序プロビット分析を行った（**図表補1−9**）。

海外生産ダミーは競争力との間に有意な関係がないが、新事業展開ダミー及びIT利用度は正に有意な関係が確認できる。新事業展開については、製品のライフサイクル[5]における導入期や成長期といった早期の段階にあり収益の柱に成長しているケースは少ないとみられ、現行事業で収益基盤を確立し競争力を有する企業が多いことが影響していると考えられる。

IT利用度について、項目別指標競争力における企業の割合との関係をみておこう（**図表補1−10**）。利用度は利用目的数9〜20を「利用度高」、同5〜8を「利用度中」、同1〜4を「利用度低」とする3段階に分割して競争力のある企業の割合を比

図表補1−10　IT利用度別競争力のある企業の割合

	技術（品質を含む）(n=726)	コスト対応力 (n=843)	納期対応力 (n=842)	保守等アフターサービス (n=795)
利用度高	62.4%	31.6%	55.6%	54.7%
利用度中	52.4% ***	32.0%	50.1%	42.0% ***
利用度低	50.4% ***	34.3%	48.0% **	43.7% ***

（資料）図表補1－1に同じ
（注1）利用度高はIT利用目的数9～20、利用度中は同5～8、利用度低は同1～4の企業
（注2）数値は各項目で国内同業他社を「上回る」「やや上回る」と回答した企業割合
（注3）＊＊＊は利用度高との間に1％水準、＊＊は5％水準で有意な差がみられる項目

較した。技術と保守等アフターサービスでは「利用度高」と「利用度中」「利用度低」との間で、納期対応力では「利用度高」と「利用度低」との間で有意な差がみられ、IT利用度の高さが幅広く競争力につながっていることがわかる。ただ、コスト対応力ではIT利用度の高低による競争力の差はみられず、IT利用度の高さがコスト競争力には結び付くとはいえない。

次に、IT利用目的のうちどのような項目が競争力と関係しているかを探るため、競争力の総合指標と利用目的として挙げているか否かとの関係をみる

図表補1－11　IT利用目的の有無別　総合的な競争力の指標の平均値（観測数＝1,293）

IT利用目的	目的にあり	目的になし	差の検定	目的にある割合
社内での情報共有	1.857	1.793		87.3%
社外との情報交換	1.863	1.825		61.9%
意思決定の迅速化	1.887	1.819		42.6%
リスク管理、コンプライアンス・内部統制の強化	1.982	1.801	**	26.2%
企業イメージ、知名度・ブランド価値の向上	1.961	1.791	**	33.8%
人材の確保	1.932	1.809		31.9%
人件費の削減	1.905	1.812		39.1%
製品の設計開発の高度化	1.966	1.800		29.4%
生産性・品質の向上	1.961	1.670	***	61.3%
生産工程における作業の数値化・見える化	1.877	1.795		65.3%
属人的熟練技能の数値化・見える化	2.009	1.793	**	25.7%
原材料使用量や在庫の削減	1.875	1.826		45.2%
製品のトレーサビリティ管理	1.916	1.792		45.2%
販売後の製品の動作状況に関する情報の収集、分析	1.926	1.834		15.7%
販売（受注）情報の収集、分析	1.938	1.778	**	43.9%
設計開発、生産、販売部門のデータ共有・フィードバック	1.925	1.807		35.0%
貴社と販売・受注先とのデータ共有、フィードバック	1.879	1.839		23.0%
市場開拓・販路拡大	1.919	1.820		28.5%
ソリューションサービスの展開	2.086	1.830		7.2%
その他	1.889	1.848		0.7%

（資料）図表補１－１に同じ
（注１）数値は「目的にあり」または「目的になし」と回答している企業の競争力のある項目数の平均値
（注２）＊＊＊は「目的にあり」と「目的になし」との間に１％水準、＊＊は５％水準で有意な差がみられる項目

（図表補1－11）。ＩＴの利用目的すべてにおいて、競争力のある項目数は「目的にあり」が「目的になし」を上回った。また、「リスク管理、コンプライアンス・内部統制の強化」「企業イメージ、知名度・ブランド価値の向上」「生産性・品質の向上」「属人的熟練技能の数値化・見える化」「販売（受注）情報の収集、分析」の5項目では競争力がある項目数は「目的にあり」が「目的になし」に比べ有意に高い。生産技術面、内部管理面、販売面など多方面でＩＴの利用が競争力の向上に繋がっている様子が窺われる。

⑤まとめ

生産技術機能を説明変数とする分析では、生産技術のうちサプライチェーン内の円滑・効率的な生産への貢献に関わるものが競争力につながりやすいとの結果が得られた。製造業では技術力の重要性が強調されることが多いが、競争力に結び付くのはイノベーションに繋がるような独創性の高い技術力に限られるのではなく、むしろ製造工程における細かな工夫の積み重ねによる、身近で実用的なものこそが重要といえる。

自社の強みを説明変数とする分析では、生産前の技術開発段階、生産における技術管理・生産管理段階、生産後の販売促進段階と幅広い分野における強みが競争力の源泉となることが確認された。これらの強みはそれぞれ独立に寄与しているので、3つの分野の強みをバランスよく兼ね備えていなくても、いずれかの分野で強みがあればそれを追求することで競争力を獲得することができる。ただし、生産技術機能を説明変数とする分析では企画・開発段階より生産段階の機能が競争力につながりやすいことが示唆されているので、特に強みがない状態から戦略的に競争力を獲得しようとするのであれば、生産段階の能力を優先して充実させることが有効と考えることができよう。

主力納入先の発注理由を説明変数とする分析では、納入先との取引実績が理由となっている場合よりも、技術管理・生産管理が理由になっている場合の方が競争力に作用しやすいことが示された。納入先との過去のつながりが意味を持たなくなり、中小企業の主体的努力により評価を獲得する余地が大きいといえよう。

海外生産・新事業展開・ＩＴ利用度を説明変数とする分析では、新事業を展開していること、ＩＴ利用度の高さが競争力に結び付くことが確認された。新事業展開については近年、業績が好調な場合には本業に集中し新事業を手控える傾向があるが、分析の結果からはリスクを取って新たな収益源を構築することの重要性を改めて認識させられる。また、ＩＴは技術、納期対応、保守等アフターサービスと幅広い分野の競争力に繋がる。中小企業にとってＩＴ手段は、それを必要部署に配置して使わせるにとどまらず、利用目的を明確化して積極的に活用することによって競争力に繋げることができるといえよう。その意味で企業として目的意識を明確にしたうえでのＩＴ活用が望まれる。

海外生産が競争力に結び付く結果となっていないことは、海外生産を行うだけの経営資源やリ